Eisenschink
Last Minute Volks- und Betriebswirtschaft

Zusätzliche digitale Inhalte für Sie!

Zu diesem Buch stehen Ihnen kostenlos folgende digitale Inhalte zur Verfügung:

Die digitale Version dieses Buches finden Sie mit vielen hilfreichen Verlinkungen zur komfortablen Recherche in mein**kiehl**.

Schalten Sie sich das Buch inklusive Mehrwert direkt frei.

Scannen Sie den QR-Code **oder** rufen Sie die Seite mein.kiehl.de auf.
Geben Sie den Freischaltcode ein und folgen Sie dem Anmeldedialog. Fertig!

Ihr Freischaltcode

BFNO-GVLT-ZZXO-TPPC-FTZE-QZ

Last Minute
Volks- und Betriebswirtschaft

Endspurt zum Wirtschaftsfachwirt

Von
Dr. rer. pol. Diplom-Volkswirt Christian Eisenschink

Bildnachweis U1: © Sebastian Kaulitzki - stock.adobe.com

ISBN 978-3-470-**11051**-6 – 1. Auflage 2024
© NWB Verlag GmbH & Co. KG, Herne 2024
www.kiehl.de
Kiehl ist eine Marke des NWB Verlags
Alle Rechte vorbehalten.
Das Werk und seine Teile sind urheberrechtlich geschützt. Jede Nutzung in anderen als den gesetzlich zugelassenen Fällen bedarf der vorherigen schriftlichen Einwilligung des Verlages.
Hinweis zu § 52a UrhG: Weder das Werk noch seine Teile dürfen ohne eine solche Einwilligung eingescannt und in ein Netzwerk eingestellt werden. Dies gilt auch für Intranets von Schulen und sonstigen Bildungseinrichtungen.
Satz: PMGi Agentur für intelligente Medien GmbH, Hamm
Druck: mediaprint solutions, Paderborn

Hinweis
Um eine gute Lesbarkeit zu gewährleisten, verwenden wir in Fachtexten in der Regel geschlechtsspezifische Personenbezeichnungen. Selbstverständlich sind damit alle Menschen gleichermaßen gemeint.

Feedbackhinweis
Kein Produkt ist so gut, dass es nicht noch verbessert werden könnte. Ihre Meinung ist uns wichtig. Was gefällt Ihnen gut? Was können wir in Ihren Augen verbessern? Bitte schreiben Sie einfach eine E-Mail an: feedback@kiehl.de

Scannen Sie den QR-Code oder besuchen Sie **Climate-Partner.com/16605-2105-1001** und erfahren Sie mehr zu unseren klimaneutralen Druckprodukten.

VORWORT

Das Fach „Volks- und Betriebswirtschaftslehre" ist im Rahmen des „Geprüften Wirtschaftsfachwirts/Geprüfte Wirtschaftsfachwirtin IHK" der wirtschaftsbezogenen Qualifikation zugeordnet. Mit den volks- und betriebswirtschaftlichen Grundlagen wird die Basis zum Verständnis für Wirtschaft gelegt.

Dieses „Last-Minute"-Buch ersetzt kein ausführliches Lehrbuch, bietet aber viele wesentliche Elemente und Zusammenhänge, um sich auf die Prüfung zum „Geprüften Wirtschaftsfachwirt/Geprüfte Wirtschaftsfachwirt IHK" vorzubereiten. In diesem Buch wurden Schwerpunkte gebildet und Sachverhalte verdichtet.

▶ Dieses „Last-Minute"-Buch enthält Beispiele, übersichtliche Tabellen und anschauliche Abbildungen, um die Sachverhalte zu vermitteln.

▶ Darüber hinaus wurden „Merke-Kästen" zur Wiederholung sowie für den schnellen Leser integriert.

▶ Das Buch beinhaltet ein Glossar mit verschiedenen Fachbegriffen, die in den Prüfungen wichtig sein können. Querverweise auf die Begriffe im Glossar werden bei der ersten Erwähnung im Fließtext wie folgt dargestellt: →**Arbeitsproduktivität**. Im Online-Buch in mein**kiehl** finden Sie diese Begriffe des Glossars in einem eigenen Kapitel.

▶ Darüber hinaus werden kurze Tipps zur Prüfung gegeben.

▶ 30 kleine Aufgaben mit Lösungen können als letzter Check zur Prüfung verwendet werden.

Ich wünsche Ihnen viel Spaß beim Lesen und der Bearbeitung der Aufgaben sowie viel Erfolg bei der Prüfung. Informationen zu meiner Person finden Sie unter www.dr-eisenschink.de.

Bad Abbach, im März 2024　　　　　　　　　　　　　　　　Dr. rer. pol. Dipl.-Volkswirt Univ. Christian Eisenschink

INHALTSVERZEICHNIS

Vorwort   V

Abkürzungsverzeichnis   IX

1. VOLKSWIRTSCHAFTLICHE GRUNDLAGEN   1

1.1 Grundsätzliches   1

1.2 Markt, Preis und Wettbewerb   4
- 1.2.1 Marktformen   4
- 1.2.2 Vollständige Konkurrenz   4
  - 1.2.2.1 Marktgleichgewicht bei vollständiger Konkurrenz   5
  - 1.2.2.2 Marktungleichgewicht   7
  - 1.2.2.3 Verschiebung der Nachfrage- und Angebotskurve   9
  - 1.2.2.4 Elastizitäten   11
- 1.2.3 Preisbildung bei unvollständiger Konkurrenz   15
- 1.2.4 Wettbewerbspolitik   17
  - 1.2.4.1 Funktionen des Wettbewerbs   17
  - 1.2.4.2 Ziel und Instrumente der Wettbewerbspolitik   18
- 1.2.5 Eingriffe des Staates in die Preisbildung   20

1.3 Volkswirtschaftliche Gesamtrechnung   22
- 1.3.1 Aufgaben der Volkswirtschaftlichen Gesamtrechnung   22
- 1.3.2 Bruttoinlandsprodukt und Bruttonationaleinkommen   23
- 1.3.3 Primär- und Sekundärverteilung des Volkseinkommens   26
- 1.3.4 Probleme der Volkswirtschaftlichen Gesamtrechnung   29

1.4 Konjunktur und Wirtschaftswachstum   30
- 1.4.1 Grundlagen   30
- 1.4.2 Ziele der Stabilitätspolitik   32
  - 1.4.2.1 „Magisches Viereck"   32
  - 1.4.2.2 Zielkonflikte und Zielharmonie   35
- 1.4.3 Wirtschaftspolitische Maßnahmen und Konzeptionen   36
  - 1.4.3.1 Geldpolitik   37
    - 1.4.3.1.1 Geldarten, Geldfunktionen und Geldschöpfung   37
    - 1.4.3.1.2 Aufgaben und Instrumente der Europäischen Zentralbank   38
    - 1.4.3.1.3 Zentralbankrat und Veränderungen des Leitzinssatzes   40
    - 1.4.3.1.4 Steuerung der Geldmenge   42
    - 1.4.3.1.5 Inflation, Deflation, Stagflation   42
  - 1.4.3.2 Finanzpolitik   44
  - 1.4.3.3 Wachstumspolitik   46
  - 1.4.3.4 Tarifpolitik   47
  - 1.4.3.5 Arbeitsmarktpolitik   48
  - 1.4.3.6 Umweltpolitik   49
  - 1.4.3.7 Nachfrage- und angebotsorientierte Wirtschaftspolitik   50

1.5 Außenwirtschaft   51
- 1.5.1 Freihandel und Protektionismus   51
- 1.5.2 Rolle der Wechselkurse   52

		Seite
1.5.3	Besonderheiten der EU	53
	1.5.3.1 Europäischer Binnenmarkt	53
	1.5.3.2 Europäische Währungsunion	54

2. BETRIEBLICHE FUNKTIONEN UND DEREN ZUSAMMENWIRKEN — 57

2.1	Ziele und Aufgaben der betrieblichen Funktionen	57
	2.1.1 Produktion	57
	2.1.2 Logistik	60
	2.1.3 Absatz und Marketing	61
	2.1.4 Rechnungswesen	62
	2.1.5 Finanzierung und Investition	64
	2.1.6 Controlling	65
	2.1.7 Personal	66
2.2	Zusammenwirken der betrieblichen Funktionen	68

3. EXISTENZGRÜNDUNG UND UNTERNEHMENSRECHTSFORMEN — 71

3.1	Gründungsphasen	71
3.2	Voraussetzungen der Existenzgründung	72
3.3	Rechtsformen	74
	3.3.1 Rechtsformen und deren Kombinationen	74
	3.3.2 Ansprüche an Haftung, Geschäftsführung und Vertretung	78

4. UNTERNEHMENSZUSAMMENSCHLÜSSE — 81

4.1	Grundsätzliches	81
4.2	Kooperationen	81
4.3	Kartelle	82
4.4	Konzerne	83
4.5	Fusionen	84

5. PRÜFUNGSTIPPS — 87

6. LAST AND QUICK CHECK: AUFGABEN UND LÖSUNGEN — 91

Glossar	99
Literaturverzeichnis	107
Stichwortverzeichnis	109

ABKÜRZUNGSVERZEICHNIS

A

Abb.	Abbildung
Abs.	Absatz
abzügl.	abzüglich
AG	Aktiengesellschaft
AktG	Aktiengesetz
ArGe	Arbeitsgemeinschaft
Art.	Artikel
AÜ	Angebotsüberhang
Aufl.	Auflage

B

BDE	Betriebsdatenerfassung
BGB	Bürgerliches Gesetzbuch
BWA	Betriebswirtschaftliche Auswertung
bzw.	beziehungsweise

C

ca.	circa

D

DIHK	Deutsche Industrie- und Handelskammer
DM	Deutsche Mark

E

ECN	European Competition Network
EDI	Electronic Data Interchange
EStG	Einkommensteuergesetz
ESVG	Europäisches System Volkswirtschaftlicher Gesamtrechnung
ESZB	Europäisches System der Zentralbanken
EU	Europäische Union
EUR	Euro
EWG	Europäische Wirtschaftsgemeinschaft
EWIV	Europäische wirtschaftliche Interessenvereinigung
EZB	Europäische Zentralbank

F

f.	folgend
ff.	fortfolgend
FMEA	Failure-Mode-and-Effect-Analysis

VERZEICHNIS Abkürzungen

G

GbR	Gesellschaft bürgerlichen Rechts
GG	Grundgesetz
GPS	Global Positioning System
GmbH	Gesellschaft mit beschränkter Haftung
GmbHG	Gesetz betreffend die Gesellschaften mit beschränkter Haftung
GWB	Gesetz gegen Wettbewerbsbeschränkungen

H

HGB	Handelsgesetzbuch
HVPI	harmonisierter Verbraucherpreisindex

I

ICN	International Competition Network
i. d. R.	in der Regel
IHK	Industrie- und Handelskammer
IT	Informationstechnologie

K

KfW	Kreditanstalt für Wiederaufbau
kg	Kilogramm
KG	Kommanditgesellschaft
KGaA	Kommanditgesellschaft auf Aktien

L

LKW	Lastkraftwagen

M

mind.	mindestens

N

NÜ	Nachfrageüberhang

O

OECD	Organisation für wirtschaftliche Zusammenarbeit und Entwicklung
OHG	Offene Handelsgesellschaft
OPEC	Organisation erdölexportierender Länder

P

PartGG	Partnerschaftsgesellschaftsgesetz
Pkw	Personenkraftwagen
PPS	Produktions-Planungs- und Steuerungssysteme
prod.	produzierend

R

RFID	Radio Frequncy Identification

S

SE	Societas Europaea
SNA	System of National Accounts

U

UG	Unternehmergesellschaft
UNCTAD	United Nations Conference on Trade and Development
USP	Unique Selling Proposition
usw.	und so weiter
UWG	Gesetz gegen den unlauteren Wettbewerb

V

Vgl.	Vergleiche
VPI	Verbraucherpreisindex

Z

z. B.	zum Beispiel

1. Volkswirtschaftliche Grundlagen

1.1 Grundsätzliches

Die Wirtschaft beschäftigt sich mit der zentralen Frage:

> Wie kann ein **rationaler** Umgang mit **knappen Ressourcen** gelingen?

Ressourcen sind die →**Produktionsfaktoren**, die zur Erstellung von Gütern notwendig sind: *Produktionsfaktor Ressourcen*

- Boden (z. B. Bodenschätze, Wasser, Energieträger)
- Arbeit (geistige, körperliche Arbeit, ausführend, leitend)
- Kapital (Geldkapital; Realkapital, z. B. Maschinen).

Die Güter können auf verschiedene Arten klassifiziert werden.

Ein Gut kann sein:

- Sachgut
- Dienstleistung
- Recht.

Sachgüter können in Konsum- und Produktionsgüter gruppiert werden: *Sachgüter*

Konsumgüter	▶ Verbrauchsgüter	▶ Schokolade, Bier
	▶ Gebrauchsgüter	▶ Waschmaschine
Produktionsgüter	▶ Verbrauchsgüter	▶ Benzin, Öl, Schmierstoffe
	▶ Gebrauchsgüter	▶ Maschinen, Laptop

Merkmale von Dienstleistungen sind: *Dienstleistungen*

nicht lagerfähig	Blinddarmoperation auf Vorrat nicht möglich
immateriell	Beratungsgespräch
Uno-Actu-Prinzip	Produktion und Konsum werden in einer Handlung („uno actu") realisiert. **Beispiel:** Friseur schneidet die Haare (Produktion) und der Konsument hat sofort den Nutzen (weniger Haare)
Kunde muss aktiv mitmachen	Krankengymnastik

Güter können auch **Rechte** sein, z. B. die Lizenz zur Nutzung einer Software. *Rechte*

→**Knappheit** zeigt sich auf volkswirtschaftlicher Ebene z. B. durch verschiedene Ereignisse: *Güterknappheit*

Beispiele für Knappheit	Erläuterung Ereignis
Gas	Ein Gaslieferant entfällt. Das Angebot an Gas sinkt und bei gleicher Nachfrage entsteht Knappheit, weil die Nachfrage größer ist als das Angebot.
Erdöl	Die Vorräte der Natur sind begrenzt. Bei steigender Nachfrage nach Öl für Heizungen und/oder für den Betriebsstoffverbrauch bei PKWs resultiert Knappheit.

Wenn Knappheit vorliegt, dann steigen die Preise.

> **Der Preis eines Gutes stellt einen Knappheitsindikator dar.**

Der Preis eines Gutes zeigt den Wert auf, der als Gegenleistung für den Erwerb einer Einheit eines Gutes notwendig ist. Es kann ein absoluter oder ein relativer Preis sein:

- **absoluter** Preis: Eine Tafel Schokolade hat einen Preis von 1,50 €. Der Käufer verzichtet auf 1,50 € und erhält die Tafel Schokolade.
- **relativer** Preis: Ein Pkw hat einen Preis von 20.000 €. Ein Reihenhaus kostet 1 Mio. € in einer Stadt. Um ein Reihenhaus zu erwerben, müssten 50 PKWs zum Preis von 20.000 € getauscht werden.

Der →**Wechselkurs** US-Dollar im Verhältnis zum Euro stellt einen Relativpreis dar (z. B. 1,06 US-Dollar/Euro). Für einen Euro erhält man 1,06 US-Dollar.

Rationalitätsprinzip Der Umgang mit den knappen Ressourcen soll „rational" sein. Das **Rationalitätsprinzip** wird durch das Maximum- oder das Minimumprinzip ausgeprägt.

Maximumprinzip	Mit einem gegebenen Einsatz (Input) von Arbeit und Kapital wird eine maximale Menge produziert. **Beispiel**: Eine Schreinerei erstellt mit drei Beschäftigten und vier Maschinen pro Woche maximal fünf Möbelstücke.
Minimumprinzip	Bei gegebener Produktionsmenge (Output) wird die Kombination an Produktionsfaktoren gewählt, die minimale Kosten verursacht. Wenn Arbeit teuer ist, dann wird rationalisiert und Arbeit durch Roboter oder Künstliche Intelligenz ersetzt. Eine andere Möglichkeit besteht darin, die Produktion aus dem Land mit hohen Arbeitskosten in ein Land zu verlagern, in dem die Arbeitskosten niedrig sind.

Wirtschaftssubjekte An den Aktivitäten einer Volkswirtschaft engagieren sich verschiedene **Wirtschaftssubjekte**:

- Unternehmen
- private Haushalte
- Staat
- Ausland.

Unternehmen Das Ziel der Unternehmen ist die **Gewinnmaximierung**. Der Gewinn stellt die Differenz zwischen Erträgen (z. B. Umsätze) und den Aufwendungen (z. B. Gehälter, Miete) dar.

Unternehmen **investieren** und erstellen **private Güter**.

Investieren bedeutet, dass Gebrauchsgüter, z. B. Maschinen, **mehrfach** eingesetzt werden können, um Waren mit zusätzlichen Erträgen zu erzeugen. Verbrauchsgüter, z. B. Benzin, können nur **einmalig** zur Produktion verwendet werden.

private Haushalte Ein Teil des verfügbaren Einkommens der privaten Haushalte wird gespart und der Rest wird für den Konsum verwendet. Es kann folgende Gleichung aufgestellt werden.

(1) Verfügbares Einkommen = Konsum + Sparen

EXKURS

Wie kann die Gleichung (1) auf den Konsum umgestellt werden?

Man zieht auf **beiden Seiten** das Sparen ab. Dann sieht die Gleichung folgendermaßen aus:
Verfügbares Einkommen - Sparen = Konsum + Sparen - Sparen

Auf der rechten Seite der Gleichung ergibt Sparen minus Sparen eine Null.
Somit ergibt sich:
Verfügbares Einkommen - Sparen = Konsum
oder
Konsum = Verfügbares Einkommen - Sparen

Das Ziel der privaten Haushalte ist die **Nutzenmaximierung**. Der Nutzen stellt eine subjektive Wahrnehmung beim **Konsum** eines Gutes dar.

A konsumiert eine Schokolade und findet sie prima.
B konsumiert die gleiche Schokolade und sie schmeckt nicht.

1.1 Grundsätzliches

Für die Bereitstellung von **öffentlichen Gütern** (z. B. Straßen, Schulen) erhebt der Staat →**Steuern** und/oder verschuldet sich. Im Idealfall sollte das Staatsbudget ausgeglichen sein. Das ist dann gegeben, wenn die Einnahmen gleich den Ausgaben sind.

Staat

Öffentliche Güter werden von privaten Gütern unterschieden:[1]

öffentliche Güter	Die **Nicht-Ausschließbarkeit** von Individuen und **keine Rivalität** (→**Wettbewerb**) sind Merkmale von öffentlichen Gütern. **Beispiel:** Ein Individuum in einer Volkswirtschaft kann von einer öffentlichen Straße ohne Stau nicht ausgeschlossen werden (Nicht-Ausschließbarkeit). Es herrscht somit auch keine Rivalität. Dieser Zustand würde eintreten, wenn Stau auf der Straße ist.
private Güter	Es besteht eine **Rivalität (Wettbewerb)** auf dem Markt und Konsumenten können **über den Preis ausgeschlossen** werden. **Beispiele:** ▶ Ein Restaurant hat eine bestimmte Anzahl von Sitzplätzen für ein gegebenes Zeitintervall. Wenn es ein beliebtes Restaurant ist und die Nachfrage hoch ist, kann es sein, dass keine Reservierung möglich ist. Es herrscht **Wettbewerb** um die Sitzplätze. ▶ 200 Euro pro Person für einen Restaurantbesuch kann sich evtl. mancher Konsument leisten, aber die Zahlungsbereitschaft ist nicht vorhanden. Er wird **durch den Preis ausgeschlossen**.

Eine Volkswirtschaft kann Außenhandelsbeziehungen durch Importe und Exporte mit anderen Ländern haben.

Ausland

Die Wirtschaftssubjekte sind häufig mit mehreren Alternativen konfrontiert, aus denen eine Auswahl getroffen werden kann oder muss. Hierbei wird der Begriff „**Opportunitätskosten**" verwendet.

Opportunitätskosten

Opportunitätskosten stellen den Verzicht auf die zweitbeste Möglichkeit dar.

Ein privater Haushalt kann Arbeit auf dem Arbeitsmarkt anbieten. Die Alternative wäre, den ganzen Tag freie Zeit zu haben.

Entscheidung	Verzicht
für Arbeit	freie Zeit
für ganzen Tag freie Zeit	Einkommen

Wählt der private Haushalt die freie Zeit für den ganzen Tag, verzichtet er auf das Einkommen als die zweitbeste Möglichkeit. Der private Haushalt verzichtet den ganzen Tag auf die freie Zeit und kann durch den Arbeitseinsatz Einkommen erzielen.

IM ÜBERBLICK

▶ Produktionsfaktoren: Boden, Arbeit, Kapital
▶ Sachgüter: Konsumgüter, Produktionsgüter
▶ private Güter: Konsument ist ausschließbar und es herrscht Rivalität
▶ öffentliches Gut: Nicht-Ausschließbarkeit des Konsumenten, keine Rivalität
▶ Knappheit: Nachfrage ist größer als das Angebot
▶ Der Preis ist ein Knappheitsindikator.
▶ Rationalitätsprinzip: Maximumprinzip oder Minimumprinzip
▶ Wirtschaftssubjekte: private Haushalte, Unternehmen, Staat, Ausland
▶ Opportunitätskosten stellen die Kosten für den Verzicht auf die zweitbeste Möglichkeit dar.

---

1 Vgl. Mankiw, Gregory, Taylor, Mark P., Grundzüge der Volkswirtschaftslehre, 8. Aufl., Schäffer-Poeschel Verlag Stuttgart, S. 305.

1.2 Markt, Preis und Wettbewerb

1.2.1 Marktformen

Marktarten

Ein **Markt** ist der Ort, an dem sich Angebot und Nachfrage treffen. Es gibt verschiedene Märkte:

Gütermärkte	► Konsumgütermarkt ► Investitionsgütermarkt ► Dienstleistungsmarkt
Faktormärkte	► Arbeitsmarkt ► Kapitalmarkt ► Immobilienmarkt
Finanzmärkte	► Kapitalmarkt ► Geldmarkt ► Devisenmarkt

Marktformen

In nachfolgender Tabelle werden verschiedene Marktformen dargelegt.

Nachfrager	Anbieter		
	viele	wenige	ein
viele	Polypol (Devisenmarkt)	Angebotsoligopol (PKW-Markt, Mineralölmarkt)	Angebotsmonopol (Staat z. B. für Reisepass, Müllabfuhr)
wenige	Nachfrageoligopol (Molkereigenossenschaft, Zuckerrübenbauern und verarbeitende Industrie)	zweiseitiges Oligopol (Spezialmaschinenbau, Schiffswerften und Reedereien)	beschränktes Angebotsmonopol (Erfinder mit Patent; medizinischer Spezialgerätehersteller)
ein	Nachfragemonopol Staat fragt Arbeitskräfte für Beamtenstellen, z. B. Finanzamt, nach. Die (vielen) Anbieter auf dem Arbeitsmarkt sind die privaten Haushalte.	beschränktes Nachfragemonopol (Polizei, Bundeswehr bei Uniformen)	zweiseitiges Monopol (Tarifpartner: Arbeitgeberverbände und Gewerkschaften)

Quelle: In Anlehnung an *Altmann, Jörn, S. 216-218.*

1.2.2 Vollständige Konkurrenz

Der Begriff „vollständige Konkurrenz" wird auch als „vollständiger Wettbewerb" oder „vollkommener Markt" bezeichnet. Die vollständige Konkurrenz ist ein Modell und beinhaltet verschiedene Annahmen:

Polypol	In dem jeweiligen Markt gibt es viele Anbieter und viele Nachfrager.
homogene Güter	gleichartige Güter; es wird eine Produktdifferenzierung ausgeschlossen
keine persönlichen Präferenzen	Eine Sympathie für den Geschäftspartner spielt in dem Modell keine Rolle. Es zählt nur die **Rationalität** (niedriger Preis, kostengünstig).
vollständige Markttransparenz	Alle Informationen des jeweiligen Marktes werden durch den Preis abgebildet. Das ist eine unrealistische Annahme, aber durch das Internet entsteht zunehmende Transparenz in den Märkten.
unendlich schnelle Anpassungsgeschwindigkeit	Computerhandel an der Börse

1.2.2.1 Marktgleichgewicht bei vollständiger Konkurrenz

Um das Gleichgewicht auf einem Markt darzustellen, werden nachfolgend die Nachfrage und das Angebot mit ihren Merkmalen untersucht.

Die Nachfrage kann aus den Bedürfnissen und dem Bedarf abgeleitet werden.

Nachfrage

Bedürfnis	Mangelzustand	Beispiel
Existenzbedürfnisse	Wassermangel, wichtige Medikamente oder Nahrungsmittel fehlen	Person A hat Hunger. Es liegt ein Mangelzustand vor.
Luxusbedürfnisse	ein noch größeres Auto, der dritte Urlaub im Jahr	

⬇

Bedarf	Bedarf ist abhängig von	Beispiel
	▸ den Erfahrungen des Konsumenten mit dem Gut ▸ der Einstellung und/oder Meinung von Eltern, Freunden, Arbeitskollegen ▸ dem Güterangebot.	Person A weiß aus Erfahrung, dass ein Essen im Schnellrestaurant ihm nicht schmeckt. Seine Eltern raten ihm, ein vollwertiges Essen in einem Bio-Restaurant zu verzehren, da das Sättigungsgefühl länger anhält.

⬇

Nachfrage	Die Nachfrage richtet sich nach dem Budget (Einkommen, Vermögen) und nach der Zeitverfügbarkeit.	Beispiel
		Person A hat ein Durchschnittseinkommen, sodass er sich nicht immer ein teures Gericht in einem Bio-Restaurant leisten kann. Daher wird die Nachfrage nur gelegentlich sein. Zudem dauert ein Essen in einem Bio-Restaurant länger als in einem Fast-Food-Restaurant. Bei geringem Einkommen und Zeitknappheit wird die Entscheidung häufiger auf das Fast-Food-Restaurant fallen.

1. Volkswirtschaftliche Grundlagen

normale Nachfrage

Das Gesetz der „**normalen** Nachfrage" lautet:

Wenn der Preis eines Gutes sinkt, dann nimmt die Nachfragemenge zu und umgekehrt.

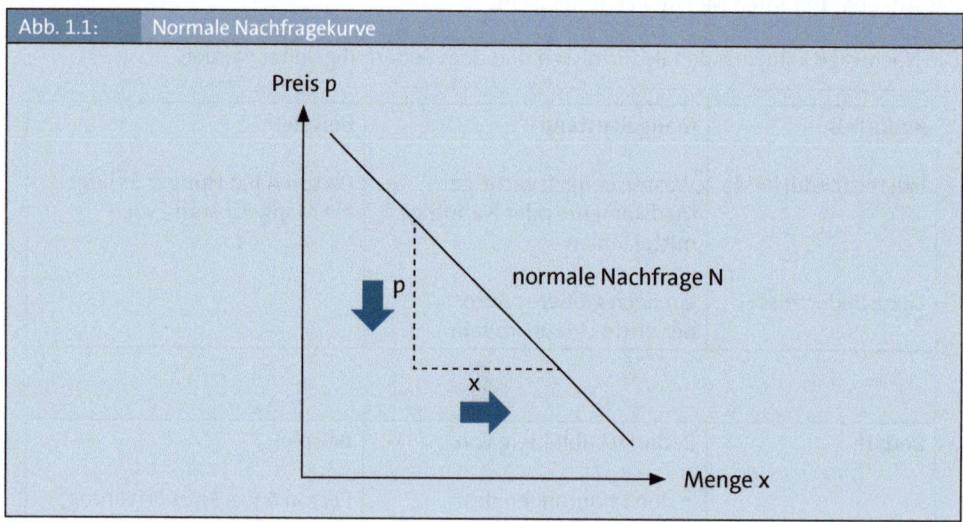

Abb. 1.1: Normale Nachfragekurve

anormale Nachfrage

Es gibt auch eine **anormale** Nachfrage. Dies bedeutet, dass private Haushalte oder Unternehmen bei steigendem Preis mehr nachfragen.

► Bei sehr **hohem Einkommen oder Vermögen** werden z. B. Luxusgüter nachgefragt, auch wenn der Preis steigt. Derartige Güter werden als →**Veblen-Güter** bezeichnet.

► **Untere Einkommensschichten** brauchen Grundnahrungsmittel. Wenn diese teurer werden, dann fragen sie diese auch bei steigendem Preis mehr nach (→**Giffen-Güter**).

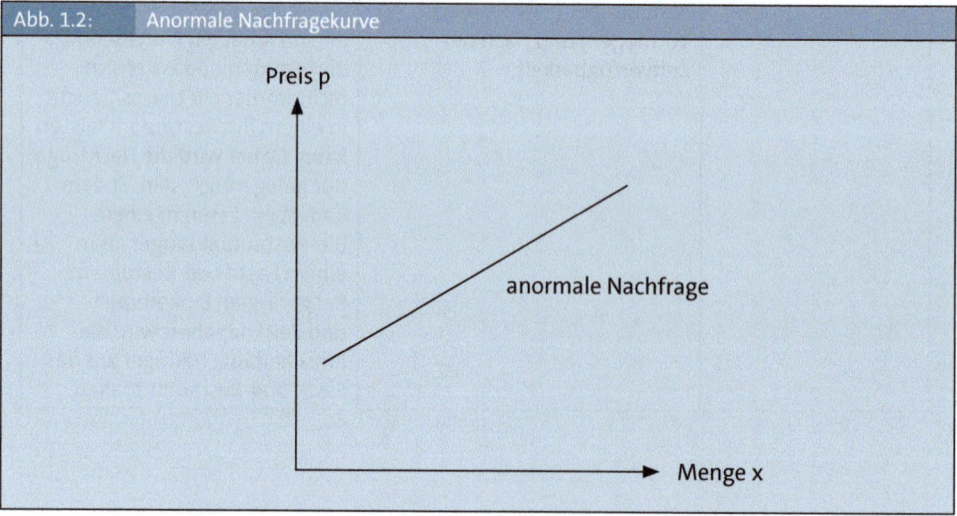

Abb. 1.2: Anormale Nachfragekurve

Angebot

Die Unternehmen haben das Ziel der Gewinnmaximierung. Sie bieten zunehmend Güter auf dem Markt an, wenn mehr Gewinn möglich ist. Bei gleichen Kosten ist mehr Gewinn möglich, wenn auf einem Markt der Stückpreis steigt.

Umsatz (Menge · Stückpreis) - Kosten = Gewinn

Wenn der Preis steigt (bei gleichen Kosten), werden mehr Güter auf dem Markt angeboten.

1.2 Markt, Preis und Wettbewerb

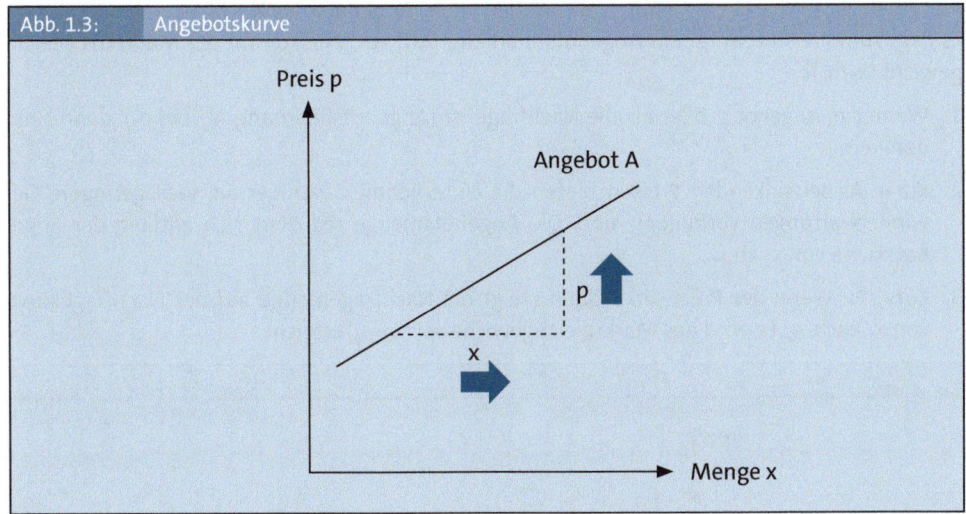

Abb. 1.3: Angebotskurve

An dem Punkt (Ort), an dem sich Angebots- und Nachfragefunktion schneiden (treffen), ergibt sich der **Gleichgewichtspreis** p_0 und die **Gleichgewichtsmenge** x_0. Im Marktgleichgewicht (s. >> Abb. 1.4) bleiben keine Nachfrage und kein Angebot übrig. Der Markt ist „geräumt".

Marktgleichgewicht

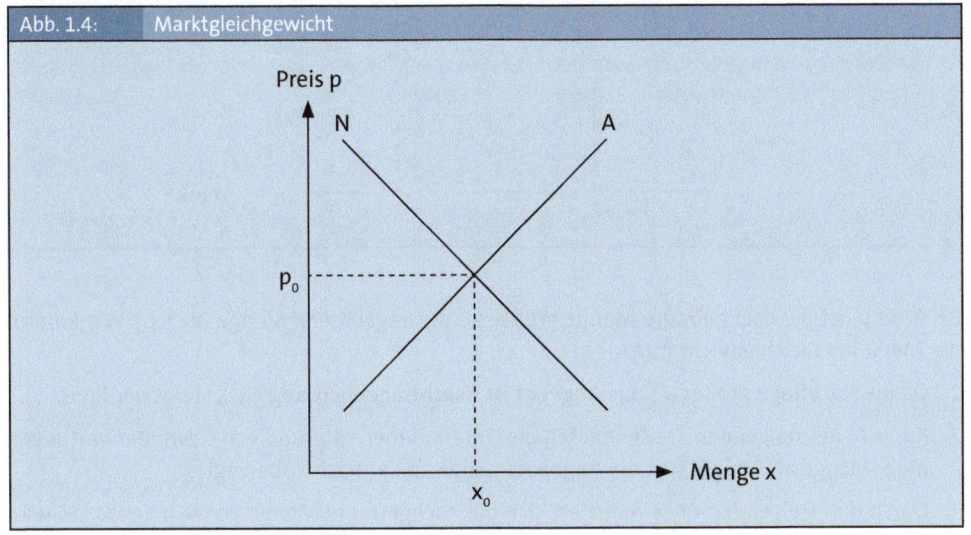

Abb. 1.4: Marktgleichgewicht

IM ÜBERBLICK

- Aus den Bedürfnissen und dem Bedarf kann die Nachfrage abgeleitet werden.
- Bedürfnisse weisen auf einen Mangelzustand hin.
- Der Bedarf ist abhängig von den Erfahrungen des Konsumenten mit dem Gut und den Einstellungen von Eltern, Freunden usw.
- Die Nachfrage wird durch das Budget und die Zeitverfügbarkeit bestimmt.
- Gesetz der „normalen Nachfrage": Preis steigt, Menge sinkt und umgekehrt.
- Bei „anormaler Nachfrage" steigt die Menge, wenn der Preis steigt.
- Das Angebot auf einem Markt nimmt zu, wenn der Preis bei gleichen Kosten steigt.
- Im Marktgleichgewicht schneiden sich die Angebots- und Nachfragekurve. Es bleiben keine Nachfrage und kein Angebot übrig.

1.2.2.2 Marktungleichgewicht

Auf einem Markt herrscht kein Gleichgewicht, wenn:

- das Angebot größer als die Nachfrage ist
- das Angebot kleiner als die Nachfrage ist.

1. Volkswirtschaftliche Grundlagen

Angebot > Nachfrage

Auf einem Gütermarkt (s. >> Abb. 1.5) existiert mehr Angebots- als Nachfragemenge ($x_2 > x_1$). Es liegt zum Preisniveau p_1 ein **Angebotsüberhang** (AÜ) vor. Wie kommt der Markt ins Gleichgewicht (x_0/p_0)?

1. Wenn das Angebot größer als die Nachfrage ist (Angebotsüberhang AÜ bei p_1), dann sinkt der Preis.
2. Kurve A: Bei sinkenden Preisen bieten die Unternehmen weniger an, weil geringere Gewinnerwartungen verbunden sind. Die Angebotsmenge reduziert sich entlang der Angebotskurve von x_2 zu x_0.
3. Kurve N: Wenn der Preis sinkt, dann steigt die Nachfragemenge auf der Nachfragekurve von x_1 nach x_0. Es wird das Marktgleichgewicht bei (x_0/p_0) erreicht.

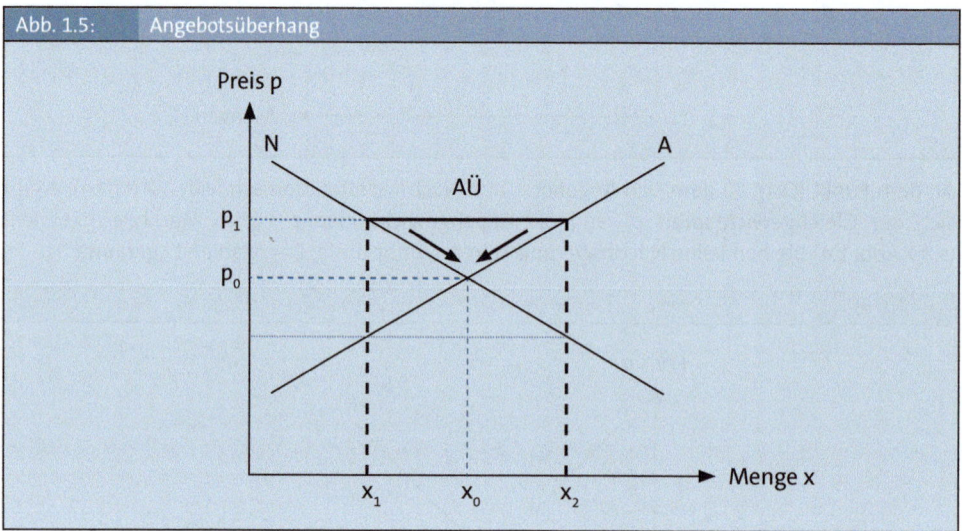

Abb. 1.5: Angebotsüberhang

Angebot < Nachfrage

Bei Preis p_1 ist die nachgefragte Menge größer als die angebotene Menge ($x_2 > x_1$). Wie kommt der Markt ins Gleichgewicht (x_0/p_0)?

1. Da die Nachfrage größer als das Angebot ist (**Nachfrageüberhang** NÜ), steigt der Preis.
2. Kurve A: Bei steigenden Preisen bieten die Unternehmer aufgrund von Gewinnerwartungen mehr Menge an, sodass sich die Angebotsmenge von x_1 nach x_0 bewegt.
3. Durch den steigenden Preis reduziert sich die nachgefragte Menge von x_2 nach x_0. Es wird das Gleichgewicht beim Preis p_0 und der Menge x_0 erreicht.

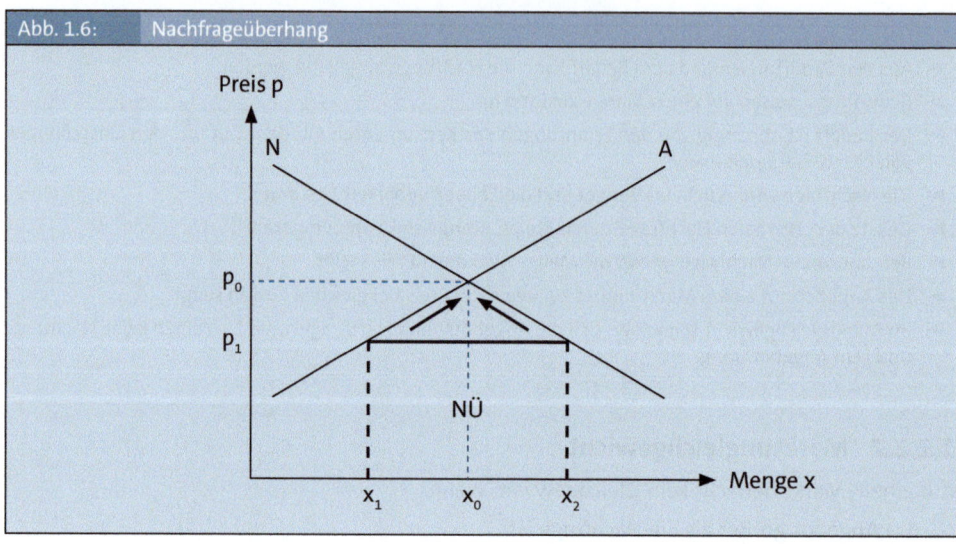

Abb. 1.6: Nachfrageüberhang

1.2.2.3 Verschiebung der Nachfrage- und Angebotskurve

Die Nachfrage ist abhängig von

- dem Preis **eines** Gutes
- Preis **anderer** Güter (Substitutionsgüter, Komplementärgüter)
- Einkommen.

Verschiebung der Nachfragekurve

WICHTIG

Eine Bewegung auf der Nachfragekurve findet statt, wenn sich Menge oder Preis ändern.

Wenn andere Faktoren, außer Menge oder Preis, einen Einfluss haben, wird die Nachfragekurve nach links oder rechts verschoben.

Eine **Rechtsverschiebung der Nachfragekurve** findet statt, wenn z. B. die Zahl der Nachfrager steigt.

BSP. 1

Die Zahl der Nachfrager steigt in einer Volkswirtschaft durch Zuwanderung.

Bei einem unterstellten gleichen Preisniveau p_0 verschiebt sich die Nachfragekurve von N_0 auf N_1, da die zusätzliche Bevölkerung in der Volkswirtschaft mehr Menge nachfragt (von x_0 auf x_1).

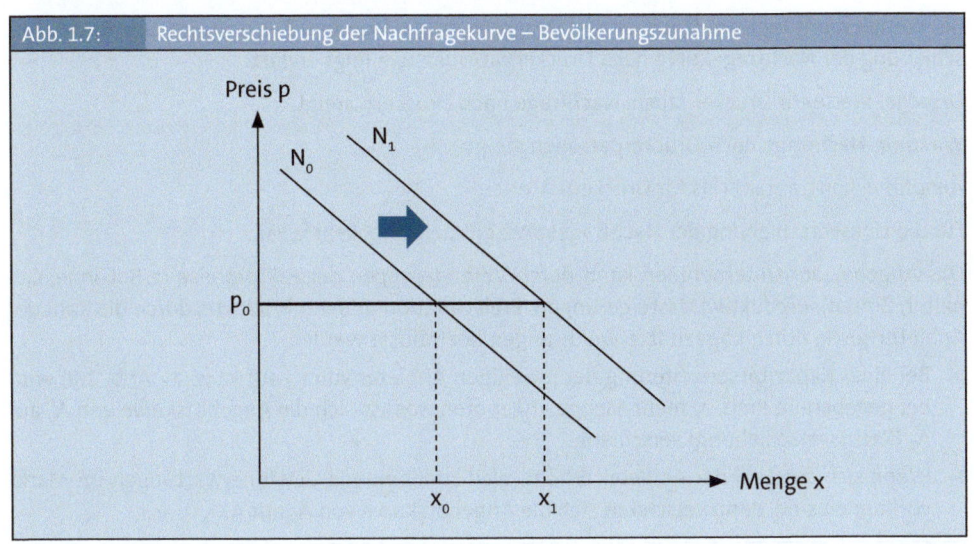

Abb. 1.7: Rechtsverschiebung der Nachfragekurve – Bevölkerungszunahme

Wenn die Bevölkerung einer Volkswirtschaft schrumpft (demographischer Wandel), dann verschiebt sich die Nachfragekurve nach links.

BSP. 2

Der Preis „anderer" Güter steigt, z. B. Substitutionsgut.

Ein Substitutionsgut zeichnet sich dadurch aus, dass der Nutzen für den Konsumenten bei beiden Gütern (in etwa) gleichbleibt. Beispiele: Butter und Margarine, Tee und Kaffee

Ursache: Teepreis sinkt, Teenachfrage steigt

Wirkung: Kaffeenachfrage sinkt (x_0 nach x_1)

Annahme: Preis p_0 für Kaffee bleibt konstant

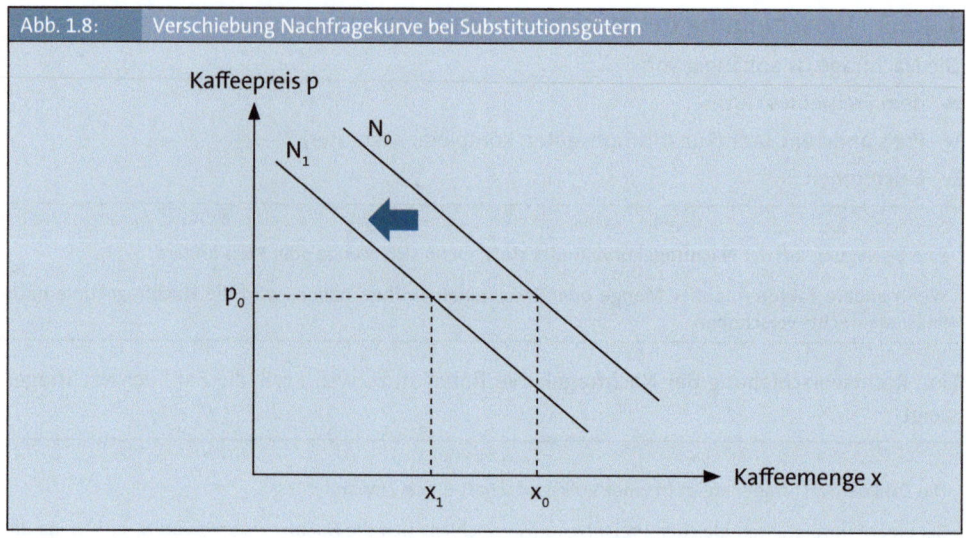

Abb. 1.8: Verschiebung Nachfragekurve bei Substitutionsgütern

Bei **Komplementärgütern** (Drucker und Druckerpatrone; Pkw und Benzin) wird eine **Rechtsverschiebung der Nachfragekurve** nach Druckerpatronen wie folgt erklärt:

Ursache: Preise für Drucker fallen, Nachfrage nach Druckern steigt

Wirkung: Nachfrage nach Druckerpatronen steigt

Annahme: konstanter Preis für Druckerpatronen

Für die Linksverschiebung der Nachfragekurve gilt der umgekehrte Fall.

Verschiebung der Angebotskurve

Das Angebot der Unternehmen kann durch Veränderungen der Faktorpreise (z. B. Löhne, Gehälter, Zinsen), Produktivitätssteigerungen, Preisvariation anderer Produkte, durch die Zahl der Anbieter sowie durch Kapazitätserweiterungen beeinflusst werden.

▶ Bei einer Kapazitätserweiterung der jeweiligen Anbieter von x_0 auf x_1 (s. >> Abb. 1.9) wird bei gegebenem Preis p_0 mehr Menge angeboten, sodass sich die Angebotskurve von A_0 auf A_1 (Rechtsverschiebung) verschiebt.

▶ Wenn sich die Zahl der Anbieter erhöht, weil zunehmende Gewinnerwartungen im Markt vorhanden sind, dann verschiebt sich die Angebotskurve von A_0 auf A_1.

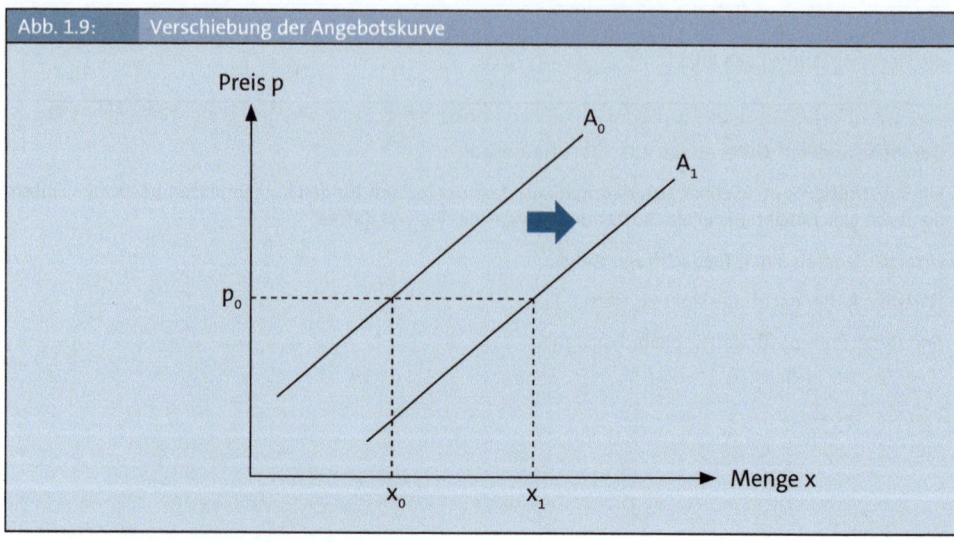

Abb. 1.9: Verschiebung der Angebotskurve

> **WICHTIG**
>
> Wesentlich ist, dass Verschiebungen der Angebotskurve nur durch exogene (von außen kommende) Einflussfaktoren entstehen. Wenn sich beispielsweise der Preis ändert, findet eine Bewegung auf der Angebotskurve statt.

Weitere Gründe für Verschiebungen der Angebotskurve sind:

- Veränderung der Faktorpreise
- Produktivitätssteigerungen
- Preisvariationen anderer Produkte.

1.2.2.4 Elastizitäten

Man unterscheidet zwischen:

- Nachfrageelastizität
- Angebotselastizität
- Einkommenselastizität
- Kreuzpreiselastizität.

Die Kenntnis von Ursache-Wirkungszusammenhängen für Güter ist wesentlich, um die Reaktion bei den Nachfragern abzuschätzen, wie sie mit der nachgefragten Menge auf Preisveränderungen reagieren. *Nachfrageelastizität*

Die **direkte** Preiselastizität der Nachfrage (Nachfrageelastizität) kann vereinfacht wie folgt dargestellt werden.

$$\text{direkte Preiselastizität der Nachfrage} = \frac{\text{prozentuale Nachfragemengenänderung (Wirkung)}}{\text{prozentuale Preisänderung (Ursache)}}$$

Es gibt mehrere Fälle, die mit Rechenbeispielen dargelegt werden:

- **1-Elastizität**: Der Preis eines Druckers wird um 10 % erhöht. Bei normaler Nachfragereaktion sinkt die nachgefragte Menge um 10 %. Es wird ein Absolutbetrag (senkrechte Striche vor und nach der Zahl) gesetzt, sodass +1 resultiert.

$$\text{Nachfrageelastizität} = \frac{-10\,\%}{+10\,\%} = |-1| = +1$$

> **EXKURS**
>
> **Absolutbetrag**
>
> Der Absolutbetrag zeigt den Abstand vom Nullpunkt, jedoch ohne Vorzeichen und Richtung. Das Pluszeichen zeigt die Richtung auf dem Zahlenstrahl an (rechts vom Nullpunkt), während das Minuszeichen auf die Richtung links vom Nullpunkt hindeutet.
>
> Der Abstand vom Nullpunkt ist jedoch „absolut" betrachtet, z. B. eine Einheit.
>
>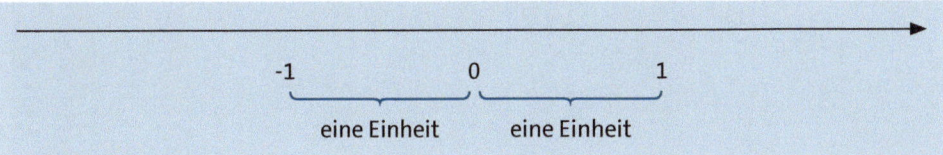
>
> Die folgenden Absolutbeträge bei den Elastizitäten sind für die Gruppierung (elastisch, unelastisch) maßgeblich. Für das Rechnen und das Interpretieren wird immer ein positives oder negatives Vorzeichen der Elastizität benötigt.

- **elastische Nachfrage:**
  Der Preis eines Druckers steigt um 10 %. Die Nachfrage sinkt um 20 %.

  $$\text{Nachfrageelastizität} = \frac{-20\,\%}{+10\,\%} = |-2| = +2 > 1$$

  Eine Nachfrageelastizität mit größer 1 entsteht, wenn auf dem jeweiligen Markt Wettbewerb herrscht und die Nachfrager **Substitutionsmöglichkeiten** haben.

- **unelastische Nachfrage:**
  Der Preis für einen Liter Benzin steigt um 10 %. Die Nachfrage sinkt um 5 %.

  $$\text{Nachfrageelastizität} = \frac{-5\,\%}{+10\,\%} = |-0,5| = +0,5 < 1$$

  Das Intervall für diese **Elastizität liegt zwischen 0 und 1**. Unelastische Nachfrage tritt in Märkten auf, die durch enge **Oligopole** (wenige Anbieter) und **Marktmacht** gekennzeichnet sind. Die Nachfrager sind abhängig, z. B. bei Benzin, Öl.

- **vollkommen unelastische Nachfrage:**
  Die Abhängigkeit vom Gut ist sehr groß.

Medikamente und Schwerkranke

Wenn ein Pharmahersteller die Preise für ein lebenswichtiges Medikament von p_0 auf p_1 erhöht, und der Konsument (Patient im Krankheitsfall) keine andere Möglichkeit hat, ein anderes Produkt zu wählen, dann liegt vollständige Abhängigkeit vor. Wenn der Konsument den Preis nicht zahlt, dann kann er sterben (z. B. Diabetes).

Wenn keine Mengenänderung durch die Preiserhöhung (z. B. 30 %, von p_0 nach p_1) stattfindet, dann steht im Zähler Null.

$$\text{Nachfrageelastizität} = \frac{0\,\%}{30\,\%} = 0$$

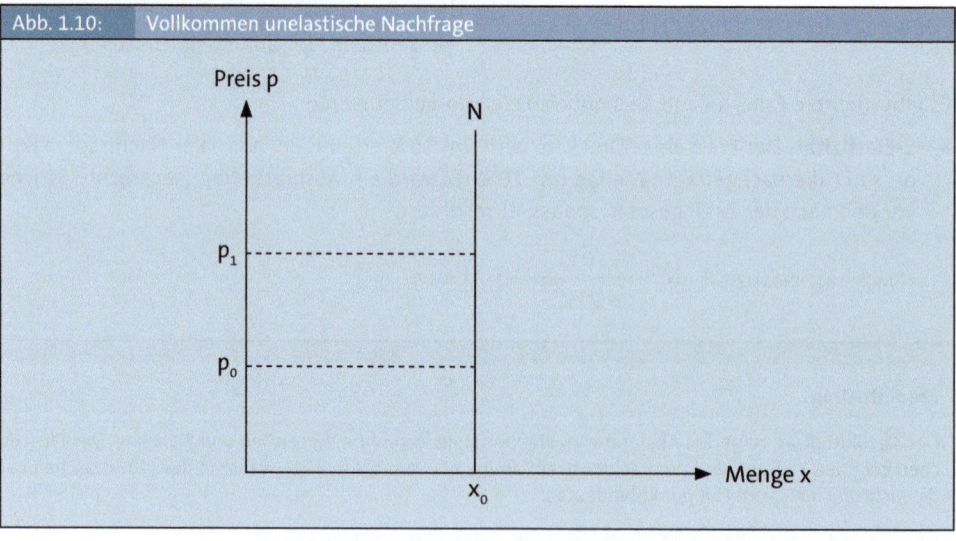

Abb. 1.10: Vollkommen unelastische Nachfrage

Für ein Unternehmen ist relevant, wie sich das Angebot des Unternehmens verhält, wenn auf dem Markt eine Preisveränderung eintritt.

Angebotselastizität

Die **direkte** Preiselastizität des Angebots (Angebotselastizität) wird wie folgt gebildet:

$$\frac{\text{prozentuale Mengenänderung des Angebots}}{\text{prozentuale Preisänderung}}$$

Es gibt auch hier eine 1-Elastizität, ein elastisches und ein unelastisches Angebot.

Art der Elastizität	Erläuterung	Koeffizient der Angebotselastizität
1-Elastizität	Der Marktpreis für ein Gut steigt um 10 %. Die angebotene Menge erhöht sich auch um 10 %.	1
elastisches Angebot	Der Marktpreis für ein Gut steigt um 10 %. Die angebotene Menge steigt um 20 %, sodass die Mengenreaktion größer als die Preisreaktion ist.	größer 1
unelastisches Angebot	Der Marktpreis für ein Gut steigt um 10 %. Die angebotene Menge erhöht sich um 5 %.	zwischen 0 und 1

Wenn das Einkommen eines privaten Haushalts sich verändert, dann kann er mehr, gleich viel oder weniger Güter konsumieren.

Einkommenselastizität

$$\text{Einkommenselastizität} = \frac{\text{prozentuale Nachfragemengenänderung}}{\text{prozentuale Einkommenserhöhung}}$$

Es werden Nichtsättigungsgüter und inferiore Güter unterschieden:

Art des Gutes	Erläuterung	Einkommens- elastizität
Nichtsättigungsgut	Ein Konsument kauft aufgrund eines 10 % höheren Einkommens 20 % mehr Kleidung. Einkommenselastizität= $\frac{+20\%}{+10\%} = +2 > 0$ Kleidung ist ein Nichtsättigungsgut. Weitere Nichtsättigungsgüter sind z. B. Schuhe, Bücher. Es gibt keine Grenze.	größer Null
inferiore Güter	Inferiore Güter sind Güter mit geringer Qualität (z. B. Billignudeln). Wenn das Einkommen steigt, dann geht die Nachfrage nach inferioren Gütern zurück und die Nachfrage nach superioren (höherwertigen) Gütern steigt (z. B. hochpreisige Qualitätsnudeln).	kleiner Null

1. Volkswirtschaftliche Grundlagen

Es gibt auch Sättigungsgüter und superiore Güter.

Sättigungsgüter	Bei steigendem Einkommen nimmt erst einmal die Nachfrage nach Konsumgütern so lange zu, bis eine Sättigungsgrenze erreicht ist. **Beispiel**: In einem privaten Haushalt wird bei steigendem Einkommen möglicherweise ein zweiter oder dritter Fernseher oder eine zweite Tiefkühltruhe, die im Keller steht, nachgefragt. Dann ist aber meist eine Sättigungsgrenze erreicht und die Nachfrage steigt auch bei weiteren Einkommenserhöhungen nicht mehr an.
superiore Güter	Superiore Güter sind höherwertige Güter, die bei steigendem Einkommen nachgefragt werden. **Beispiel**: Bio-Lebensmittel

Kreuzpreiselastizität — Bei der →**Kreuzpreiselastizität** liegt die Ursache in der Preiserhöhung eines Gutes (z. B. Tee), während die Wirkung bei einem **anderen** Gut (z. B. Kaffee) erfolgt. Es liegt eine **indirekte** Preiselastizität der Nachfrage vor.

$$\text{Kreuzpreiselastizität} = \frac{\text{prozentuale Nachfragemengenänderung bei Gut Y}}{\text{prozentuale Preisänderung bei Gut X}}$$

Der Preis für Tee steigt um 10 %. Die nachgefragte Teemenge geht zurück. Da Kaffee ein Substitutionsgut zu Tee ist, nimmt die Kaffeenachfrage um 20 % zu.

$$\text{Kreuzpreiselastizität} = \frac{+\ 20\,\%\ (\text{Kaffee - Nachfragemenge})}{+\ 10\,\%\ (\text{Teepreis})} = 2 > 0$$

Bei Substitutionsgütern ist der Koeffizient im Rahmen der Kreuzpreiselastizität positiv, während er bei komplementären Gütern negativ ist.[1]

Der Strompreis steigt um 20 % in einer Volkswirtschaft. Die Nachfrage nach E-Cars sinkt um 40 %.

$$\text{Kreuzpreiselastizität} = \frac{-\ 40\,\%}{+\ 20\,\%} = -2 < 0$$

Der Koeffizient bei Komplementärgütern (Strom, E-Car) ist negativ in diesem Beispiel. Das bedeutet, dass bei steigendem Strompreis die Nachfrage nach E-Cars sinkt.

IM ÜBERBLICK

- ▶ Die Merkmale vollständiger Konkurrenz sind: Polypol, homogene Güter, keine persönlichen Präferenzen, vollständige Markttransparenz, unendlich schnelle Anpassungsgeschwindigkeit.
- ▶ Ein Bedürfnis stellt einen Mangelzustand dar. Der Bedarf ist abhängig von den Erfahrungen des Konsumenten, der Einstellung und/oder Meinung des sozialen Umfeldes des potenziellen Konsumenten. Die Nachfrage ist abhängig vom Einkommen und/oder Vermögen sowie von der verfügbaren Zeit.
- ▶ Gesetz der normalen Nachfrage: Preis sinkt, nachgefragte Menge steigt und umgekehrt.
- ▶ Angebotskurve: Unternehmen bieten auf dem Markt an, wenn der Preis steigt, da eine Gewinnmöglichkeit erwartet wird.
- ▶ Der Markt ist der Ort, an dem sich die Nachfrage und das Angebot treffen.
- ▶ Gründe für die Verschiebung der Nachfragekurve: Zahl der Nachfrager sinkt oder steigt, Preisveränderungen des Substitutionsgutes sowie des Komplementärgutes.
- ▶ Gründe für die Verschiebung der Angebotskurve: Zahl der Anbieter sinkt oder steigt, Veränderungen der Faktorpreise, Produktivitätssteigerungen.
- ▶ Nachfrageelastizität: Zeigt die prozentualen Mengenveränderungen, wenn die Preise um x % fallen oder steigen.

---

[1] Substitutionsgüter ersetzen sich gegenseitig (z. B. Butter und Margarine), während Komplementärgüter sich ergänzen (z. B. Füller und Patrone).

▶ Angebotselastizität: Wenn der Marktpreis um x % fällt oder steigt, wird die prozentuale Mengenveränderung des Angebotes aufgezeigt.

▶ Einkommenselastizität: Fällt oder steigt um x % das Einkommen, so wird die prozentuale Mengenänderung dargelegt.

▶ Kreuzpreiselastizität: Wenn der Preis eines Gutes sich prozentual ändert, hat dies eine Wirkung auf die Menge des anderen Gutes.

1.2.3 Preisbildung bei unvollständiger Konkurrenz

Im **Polypol bei vollständiger Konkurrenz** mit vielen Anbietern hat der einzelne Anbieter (Unternehmer) keine Möglichkeit, den Preis zu beeinflussen. Er muss den Marktpreis akzeptieren. Er kann lediglich die Menge von x_0 auf x_1 erhöhen bzw. anpassen (s. >> Abb. 1.11), um seinen Umsatz zu steigern, wenn der Preis konstant ist, weil er ihn nicht beeinflussen kann. Der Anbieter in einem Polypol wird auch als „**Mengenanpasser (oder „→price taker)**" bezeichnet.

Polypol

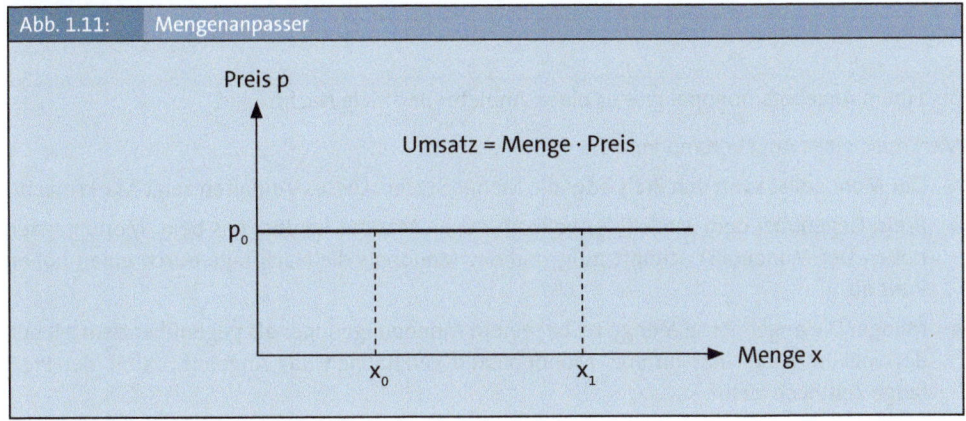

Abb. 1.11: Mengenanpasser

Bei der Beurteilung der **Marktform** (Polypol, Oligopol, Monopol) können z. B. Kriterien wie der Raum berücksichtigt werden.

Die Zahl der Friseure ist groß in Deutschland. Wenn jedoch die Anbieter auf regionaler Ebene oder für einen Stadtteil betrachtet werden, dann sind es häufig wenige Friseure und lange Wartezeiten sind für die Kunden verbunden.

Durch die Kritik am Modell der vollkommenen Konkurrenz (vollkommener Markt) entsteht ein unvollkommener Markt. Ausgewählte Beispiele sollen dies verdeutlichen:

unvollkommener Markt

Annahme	vollkommener Markt	unvollkommener Markt
persönliche Präferenzen	nicht gegeben; nur die Rationalität (Gewinne steigern, Kosten senken) zählt	Sympathie gegenüber dem Geschäftspartner ist maßgeblich
homogene Güter	gleichartige Güter bieten Kostenvorteile durch Kostendegressionen (geringe Kosten pro Stück aufgrund hoher Stückzahlen)	verschiedenartige Güter, die zu einem heterogenen Polypol führen (siehe >> Abb. 1.12)

Wenn die Annahme des homogenen (gleichartigen) Gutes der vollständigen Konkurrenz aufgelöst wird, dann sind heterogene (verschiedenartige) Güter möglich. Dadurch kann sich der Anbieter auf dem Markt differenzieren. In der Sprache des Marketings wird dies „**Alleinstellungsmerkmal**" (USP = **U**nique **S**elling **P**roposition) genannt. Somit entsteht ein heterogenes Polypol.

Die doppelt geknickte Nachfragekurve beim „**heterogenen Polypol**" zeigt im Preisintervall p_0 bis p_1 eine unelastische Nachfrage, da die (negative) Steigung hoch ist. In diesem Preisintervall kann der Anbieter aufgrund seines heterogenen Angebots den Preis erhöhen, ohne dass große Nachfragerückgänge möglich sind. Wenn jedoch der Preis p_1 überschreitet, dann sinkt die

Nachfrage durch die mehr elastisch geprägte Nachfragekurve (geringes negatives Steigungsmaß). Unter dem Preis p_0 werden neue Kunden hinzugewonnen.

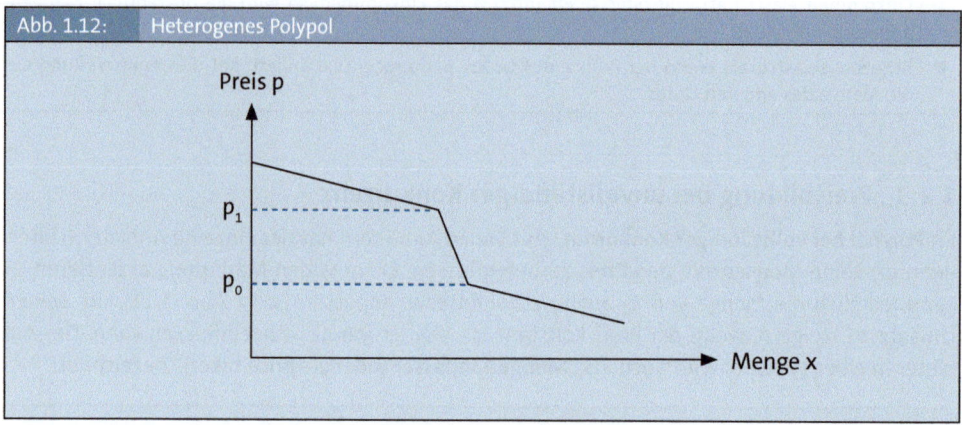

Abb. 1.12: Heterogenes Polypol

Monopol Bei einem Angebotsmonopol gibt es **einen Anbieter** und viele Nachfrager.

Merkmale eines Angebotsmonopols:

- Der Monopolist kann den Preis oder die Menge setzen. Dieses Verhalten zeigt Marktmacht.
- **Preis**: Gegenüber dem Modell des vollkommenen Marktes ist der Preis beim Monopolisten höher. Der Monopolist schöpft aufgrund des Monopols die Nachfrage durch einen hohen Preis ab.
- **Menge**: Die angebotene Menge ist bei einem Monopol geringer als gegenüber dem Modell der vollkommenen Konkurrenz. Monopolisten verknappen das Angebot, damit der Preis lange Zeit hoch bleibt.

Oligopol Bei einem Oligopol gibt es **wenige Anbieter** und viele Nachfrager.

Arten von Oligopolen:

enges Oligopol	▶ drei bis fünf Anbieter i. d. R.
	▶ Die Anbieter üben eine „friedliche Koexistenz" aus. Wenn ein Anbieter den Preis senkt oder erhöht, dann realisieren dies die anderen Anbieter auch (**Reaktionsfunktion**). **Beispiel**: Benzinmarkt
	▶ Enge Oligopole können den technischen Fortschritt behindern.
weites Oligopol	▶ mehr als fünf Anbieter
	▶ Aufgrund der Kapazitäten können Innovationen erzeugt werden. Dadurch kann sich der Anbieter von anderen Oligopolisten unterscheiden und einen Wettbewerbsvorteil erhalten.

IM ÜBERBLICK

- Im Polypol bei vollständiger Konkurrenz kann der Unternehmer nur als Mengenanpasser (price taker) agieren.
- Ein unvollkommener Markt liegt z. B. vor, wenn persönliche Präferenzen eine Rolle spielen oder heterogene Güter vorliegen.
- Ein Monopolist (ein Anbieter) setzt den Preis oder die Menge. Der Monopolpreis ist höher als beim vollkommenen Wettbewerb, während die Menge beim Monopol geringer als beim vollkommenen Wettbewerb ist.
- Bei einem engen Oligopol (ca. drei bis fünf Anbieter) herrscht i. d. R. „friedliche Koexistenz". Die engen Oligopolisten können den technischen Fortschritt behindern. Bei einem weiten Oligopol (mehr als fünf Anbieter) können Innovationen erzeugt werden.

1.2.4 Wettbewerbspolitik
1.2.4.1 Funktionen des Wettbewerbs
Der Wettbewerb hat mehrere Funktionen:

Funktion	Erläuterung
mehr Auswahl	Wenn ein Wettbewerb in einem Markt vorhanden ist, dann gibt es mehrere Anbieter, sodass der Nachfrager nach seinen Präferenzen das für ihn „beste" Angebot aussuchen kann.
Preis sinkt	Durch den Wettbewerb kann der Preis sinken und die Nachfrager können günstiger einkaufen.
Allokationsfunktion	Unter Allokation werden die Zuordnung und Kombination der Produktionsfaktoren Boden, Arbeit und Kapital verstanden. ▶ Wenn in einer Branche, z. B. Automobil, durch Auslandsnachfrage die Gewinne, die Löhne und Gehälter steigen, dann versuchen die Individuen ihre Arbeitskraft in der Automobilbranche anzubieten und verlassen andere Branchen. Es entsteht ein Wettbewerb zwischen den Unternehmen, die im Verhältnis zu anderen Unternehmen höhere Gehälter und Löhne für die Beschäftigen anbieten. **Beispiel:** Handwerker verlassen die Handwerksbetriebe und sind bei Automobilherstellern beschäftigt. ▶ Wenn Gewinne in einer Branche oder einem Unternehmen entstehen, dann wird der Faktor Kapital dorthin gelenkt. **Beispiel:** Ein börsennotiertes Unternehmen weist Gewinne aus. Durch die steigenden Kurse werden zusätzliche Aktionäre gewonnen, die ihr Kapital als Eigenkapital in die Aktiengesellschaft einlegen. Anderen Unternehmen geht dieses Eigenkapital der Aktionäre dadurch verloren. Es herrscht Wettbewerb um die Verwendung des Kapitals.

1. Volkswirtschaftliche Grundlagen

Funktion	Erläuterung
Verteilungsfunktion	Unter Wettbewerb kann ein Unternehmer bei Gewinnmaximierung den Lohn oder das Gehalt zahlen, das der Produktivität der Beschäftigten entspricht. →**Arbeitsproduktivität**: $$\text{Lohn oder Gehalt} = \frac{\text{Umsatz}}{\text{Zahl der Beschäftigten}}$$ Umsatz = Menge · Preis Wenn ein Beschäftigter durch seine Leistung viel Menge produziert, dann erhöht sich der Umsatz und die Arbeitsproduktivität. Ein höherer Umsatz kann auch durch einen höheren Preis (Marktmacht) ermöglicht werden. Übersteigt der Lohn oder das Gehalt die Arbeitsproduktivität, dann erzielt der Unternehmer Verlust. Ist der Lohn oder das Gehalt geringer als die Arbeitsproduktivität, dann entsteht ein Gewinn für das Unternehmen aus dem Einsatz des Faktors Arbeit.
Auslesefunktion	Wenn der Preis von p_0 auf p_1 in einem Markt stark sinkt und ein Anbieter mit diesem Preis p_1 nicht mehr die Kosten k decken kann, dann werden Verluste erzeugt und der Anbieter muss möglicherweise aus dem Markt ausscheiden (siehe >> Abb. 1.13). Somit ist auch für den Anbieter durch den Wettbewerb ein Anreiz vorhanden, kostengünstig zu produzieren.

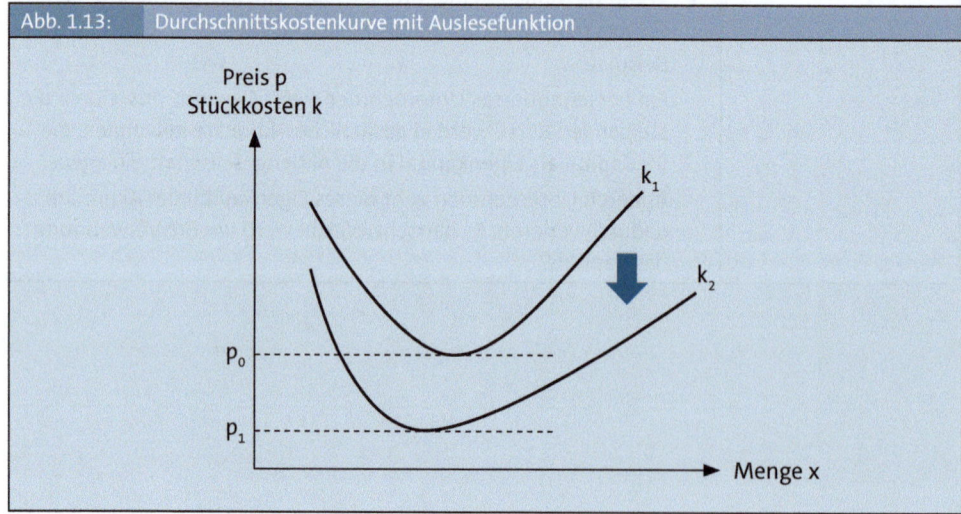

Abb. 1.13: Durchschnittskostenkurve mit Auslesefunktion

1.2.4.2 Ziel und Instrumente der Wettbewerbspolitik

Ziele In der →**Wettbewerbspolitik** werden folgende Ziele verfolgt:

▶ Das Lebenselixier der →**Marktwirtschaft** ist der Wettbewerb sowie das „freie Spiel von Angebot und Nachfrage".

▶ Das Ziel der Wettbewerbspolitik besteht darin, den privaten Haushalten und den Unternehmen dezentrale Entscheidungen sowie die freie Wahl zu ermöglichen.

▶ Durch den Wettbewerb können die Preise, welche den Knappheitsindikator darstellen, sinken. Damit können die privaten Haushalte und Unternehmen günstiger einkaufen.

1.2 Markt, Preis und Wettbewerb

Instrumente der Wettbewerbspolitik sind: *Instrumente*

Gesetz gegen Wettbewerbsbeschränkungen (GWB)	§ 1 GWB
	„Vereinbarungen zwischen Unternehmen, die eine Verhinderung, Einschränkung oder Verfälschung des Wettbewerbs bezwecken, sind verboten."
	§ 18 GWB Marktbeherrschung
	„(1) Ein Unternehmen ist marktbeherrschend, soweit es als Anbieter oder Nachfrager einer bestimmten Art von Waren oder gewerblichen Leistungen auf dem sachlich und räumlich relevanten Markt
	  1. *ohne Wettbewerber ist,*
	  2. *keinem wesentlichen Wettbewerb ausgesetzt ist oder*
	  3. *eine im Verhältnis zu seinen Wettbewerbern überragende Marktstellung hat."*
	§ 19 GWB Verbotenes Verhalten von marktbeherrschenden Unternehmen
	§ 19 a GWB Missbräuchliches Verhalten von Unternehmen mit überragender marktübergreifender Bedeutung für den Wettbewerb
	Kapitel 7 GWB: Zusammenschlusskontrolle (Fusionskontrolle)
	Kapitel 8 GWB: Monopolkommission (alle zwei Jahre ein Bericht zur Unternehmenskonzentration)

Gesetz gegen den unlauteren Wettbewerb (UWG)	§ 3 UWG Verbot unlauterer geschäftlicher Handlungen z. B. Verwendung von Gütezeichen, Qualitätskennzeichen ohne die erforderliche Genehmigung § 4 UWG Mitbewerberschutz z. B. Herabsetzen von Waren, Dienstleistungen eines Mitwettbewerbers

Der Schutz des Wettbewerbs in Deutschland erfolgt durch das Bundeskartellamt. In der EU übernimmt die Wettbewerbsaufsicht die Generaldirektion Wettbewerb der Europäischen Kommission.

IM ÜBERBLICK

- Durch den Wettbewerb haben die Konsumenten mehr Auswahl, der Preis kann sinken und Anbieter scheiden aus dem Markt aus, wenn sie durch den sinkenden Preis ihre Kosten nicht mehr decken können.
- Ziel der Wettbewerbspolitik: Aufrechterhaltung des Wettbewerbs und somit des „freien Spiels von Angebot und Nachfrage"
- Instrumente der Wettbewerbspolitik: Gesetz gegen Wettbewerbsbeschränkungen, Gesetz gegen den unlauteren Wettbewerb
- Institutionen der Wettbewerbspolitik: Bundeskartellamt sowie die Generaldirektion Wettbewerb der Europäischen Kommission

1.2.5 Eingriffe des Staates in die Preisbildung

Dem Staat stehen verschiedene Möglichkeiten zur Verfügung, um in den Markt einzugreifen:

- Bestimmung eines Höchstpreises
- Festsetzen eines Mindestpreises
- Steuern
- Subventionen.

Höchstpreis

Der →**Höchstpreis** liegt **unter** dem Marktgleichgewicht. Dies führt dazu, dass mehr Nachfrage als Angebot vorhanden ist (Nachfrageüberhang).

Wohnungsmarkt

In einer Volkswirtschaft wird als Höchstpreis ein Quadratmeterpreis für eine Wohnung durch den Staat festgelegt. Dadurch ist bei $p_{Höchst}$ (siehe >> Abb. 1.14) die Nachfragemenge (x_1) nach Wohnraum größer als das Angebot (x_2). Der Höchstpreis bewirkt, dass zu wenig gebaut wird, weil der Preis pro Quadratmeter und somit die Rendite für die Investoren zu gering sind.

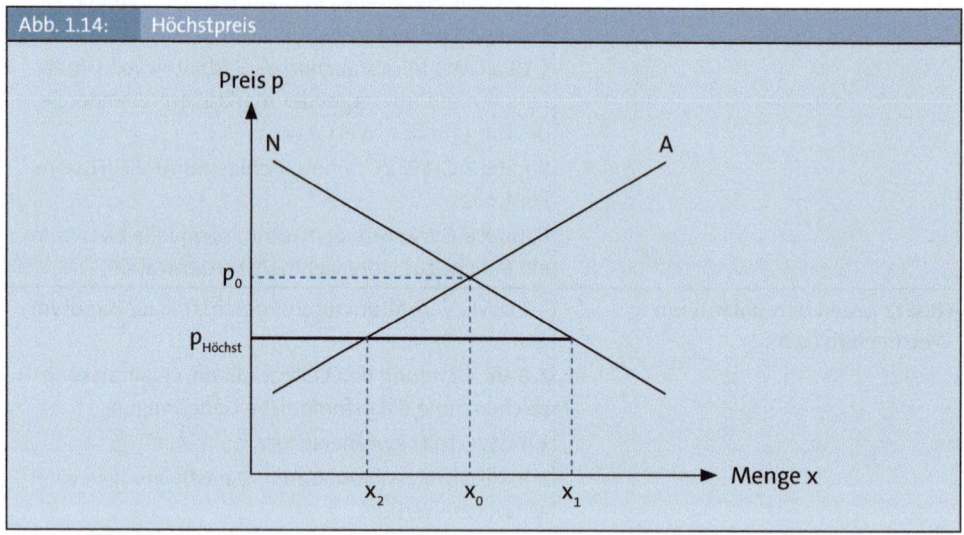

Mindestpreis

Der →**Mindestpreis** liegt **über** dem Marktgleichgewicht. Bei dem Preisniveau $p_{Mindest}$ besteht mehr Angebot (x_1) als Nachfrage (x_2). Es besteht ein Angebotsüberhang.

BSP. 1

Landwirtschaft

Damit die landwirtschaftlichen Unternehmen einen höheren Preis erhalten, interveniert der Staat und gewährleistet den Unternehmen den Preis $p_{Mindest}$ (siehe >> Abb. 1.15) statt dem Preis p_0. Dadurch erzielen die landwirtschaftlichen Unternehmen mehr Umsatz und die Existenzfähigkeit ist durch den höheren Preis gegeben, um die Kosten zu decken und Gewinn zu erzielen.

BSP. 2

Auf einem Arbeitsmarkt stellt der Mindestpreis den Mindestlohn dar. Dieser liegt über dem Marktgleichgewicht, um die Existenz der Individuen mit geringen Löhnen zu ermöglichen.

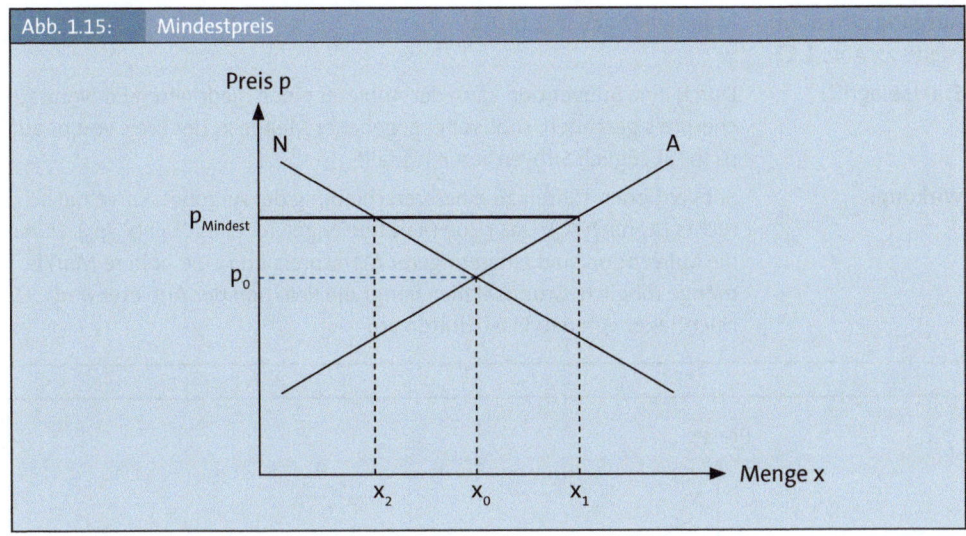

Abb. 1.15: Mindestpreis

Der Staat greift über Steuern in den Markt ein, da verschiedene Lenkungsabsichten vorhanden sind. Es können gesundheits- oder umweltschädliche Angebote vorliegen. Durch die Steuererhöhung wird das Angebot reduziert, die Preise erhöht und schließlich die Nachfrage reduziert, sodass weniger Schäden an der Gesundheit oder der Umwelt entstehen. — Steuern

Ausgangssituation: Marktgleichgewicht (x_0/p_0). Bei gegebener Menge x_0 wird zum Preis p_0 angeboten.
(siehe >> Abb. 1.16)

Staatseingriff: Verbrauchssteuern erhöhen die Endverbraucherpreise (p_0 + Steueraufschlag = p_2).

Wirkung: Es kommt zu einer Rückverlagerung der Angebotskurve (A_0 nach A_1). Das neue Marktgleichgewicht befindet sich bei (x_1/p_1). Durch die Verbrauchssteuererhöhung steigen die Preise, und es wird weniger Menge verkauft. Die Reaktion der Anbieter und Nachfrager hängt von den Elastizitäten ab.

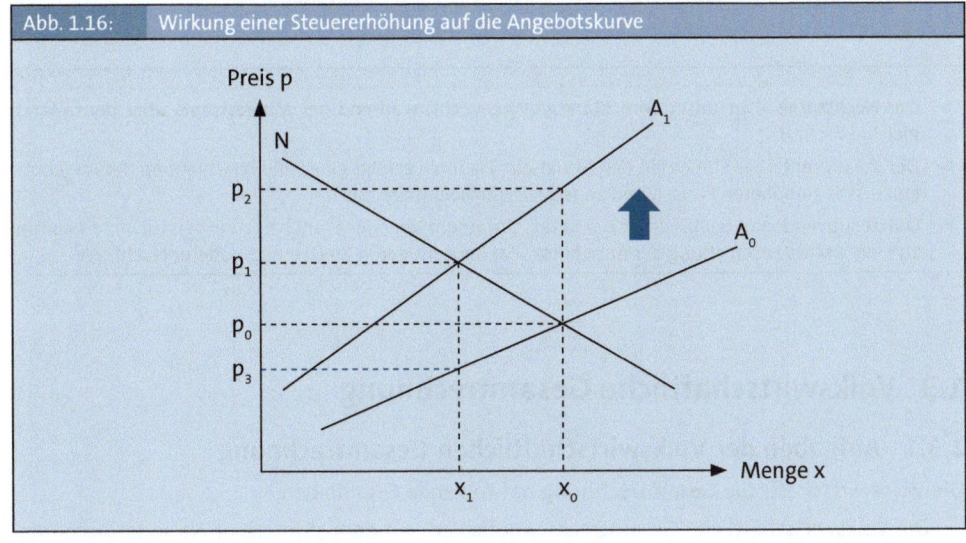

Abb. 1.16: Wirkung einer Steuererhöhung auf die Angebotskurve

Der Staat greift mit Subventionen in den Markt ein, um z. B. eine Branche zu unterstützen, deren Existenz gefährdet ist. Die Politiker argumentieren, dass dadurch Arbeitsplätze (kurzfristig) erhalten bleiben. Das Gegenargument ist, dass die Wettbewerbsfähigkeit (langfristig) durch die Subventionen bedroht ist. — Subventionen

1. Volkswirtschaftliche Grundlagen

Ausgangssituation: Marktgleichgewicht (x_1/p_1).
(siehe >> Abb. 1.17)

Staatseingriff: Durch eine Subvention kann der Anbieter einen niedrigeren Endverbraucherpreis gestalten, sodass bei gegebener Menge x_1 der Preis von p_1 auf p_3 (p_1 abzüglich Subvention = p_3) fällt.

Wirkung: Subventionen führen zu einer Verschiebung der Angebotskurve nach rechts (A_1 nach A_0). Das neue Marktgleichgewicht liegt bei (x_0/p_0). Durch die Subvention sind ein geringerer Marktpreis und eine höhere Marktmenge möglich. Grundsätzlich hängt die Reaktion der Anbieter und Nachfrager von den Elastizitäten ab.

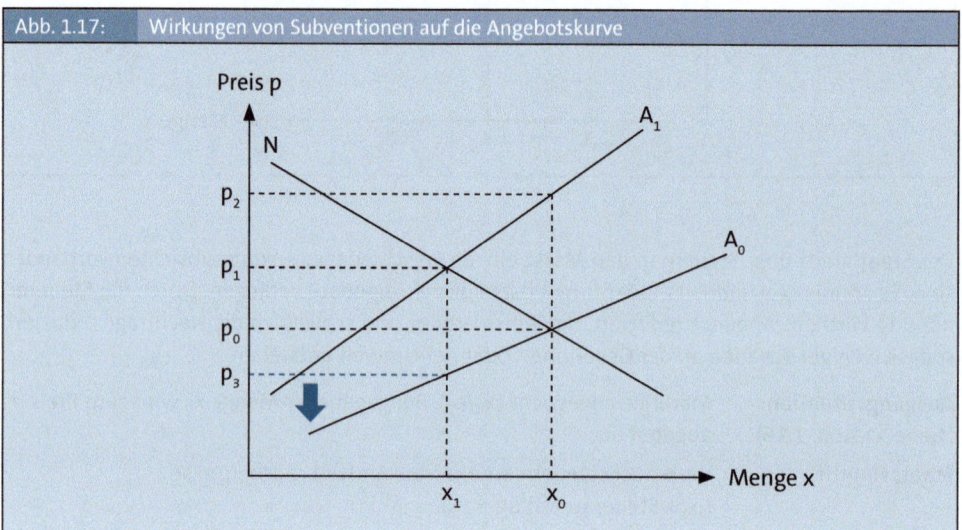

Abb. 1.17: Wirkungen von Subventionen auf die Angebotskurve

Ob der Staat die Steuer- und Subventionspolitik geringer oder stärker ausprägt, liegt an der →**Wirtschaftspolitik** (angebots- oder nachfrageorientiert, siehe >> Kapitel 1.4.3.7 Nachfrage- und angebotsorientierte Wirtschaftspolitik) und der Konjunktursituation. Die Wirkungen sind auch abhängig von den Elastizitäten der Nachfrage- und Angebotskurven.

IM ÜBERBLICK

- Der **Höchstpreis** liegt unter dem Marktgleichgewicht, während der **Mindestpreis** über dem Marktgleichgewicht ist.
- Der Staat greift über Steuern in den Markt ein. Dadurch erfolgt eine Linksverschiebung der Angebotskurve, was zu höheren Preisen und zu reduzierter Nachfrage führt.
- Durch Subventionen beabsichtigt der Staat, Unternehmen oder Branchen zu unterstützen. Es kommt zu einer Rechtsverschiebung der Angebotskurve bei geringeren Preisen und höherer Nachfrage.

1.3 Volkswirtschaftliche Gesamtrechnung

1.3.1 Aufgaben der Volkswirtschaftlichen Gesamtrechnung

Grundlagen Die Volkswirtschaftliche Gesamtrechnung hat folgende Grundlagen:[1]

- Die Volkswirtschaftliche Gesamtrechnung basiert auf dem „System of National Accounts" (SNA) der Vereinten Nationen.
- Für die Europäische Union gilt das „Europäische System Volkswirtschaftlicher Gesamtrechnung ESVG 2010 (ESVG)".

---

[1] Vgl. EuroStat, https://ec.europa.eu/eurostat/de/web/esa-2010/overview, Abruf 20.11.2023.

Aufgaben der Volkswirtschaftlichen Gesamtrechnung sind beispielsweise:[1]

- Berechnung des Bruttoinlandsprodukts und des Bruttonationaleinkommens
- Ermittlung der „Lohn- und Gewinnquote"
- Darstellung der Export- und Importquoten
- Investitions- und Sparquoten aufzeigen
- Ermittlung des Arbeitsvolumens (tatsächliche geleistete Arbeitszeit) aller Erwerbstätigen
- Erwerbstätigenrechnung zur Ermittlung der Arbeitsproduktivität
- Vermögensrechnung (Sachanlagevermögen der Volkswirtschaft, Kapitalstock) aufstellen
- Finanzierungsrechnung: Dokumentation der Finanzierungsströme zwischen privaten Haushalten, Unternehmen, Staat) sowie die Rolle der Banken (Finanzintermediäre)
- Input-Output-Rechnung: Verflechtungen zwischen Wirtschaftszweigen werden dargestellt.

Ein **Nutzen** der Volkswirtschaftlichen Gesamtrechnung besteht beispielsweise für:

Wirtschaftsforschungsinstitute	Grundlage für Prognosen der wirtschaftlichen Entwicklung
Tarifpartner	Verwendung der Preissteigerungsraten und der Arbeitsproduktivität als Basis für Tarifverhandlungen
Europäische Kommission	Berechnung der Mitgliedsbeiträge der EU
Regierungen der Länder	Vergleich der Wachstumsraten des Bruttoinlandsprodukts verschiedener Länder
→Europäische Zentralbank	Das Bruttoinlandsprodukt ist Teil der Quantitätsgleichung zur Steuerung der →**Geldmenge**
private Haushalte	Einkommensentwicklung, Preissteigerungsraten (Kaufkraftvergleiche)

1.3.2 Bruttoinlandsprodukt und Bruttonationaleinkommen

Das Bruttoinlandsprodukt beschreibt den Wert der erzeugten Güter in einer Volkswirtschaft in einem Jahr.

Im Rahmen des Bruttoinlandsprodukts gibt es **drei** Rechnungen:

- 1. →**Entstehungsrechnung**
- 2. →**Verwendungsrechnung**
- 3. Verteilungsrechnung

1. Entstehungsrechnung[2] (Produktionsansatz)	In welchen Wirtschaftsbereichen (z. B. Landwirtschaft, Industrie, Dienstleistung) wurden die Güter erstellt?

---

1 Vgl. Statistisches Bundesamt, Volkswirtschaftliche Gesamtrechnungen, 09/2022-09/2023, 2023, S. 7-8.
2 Vgl. Statistisches Bundesamt, Volkswirtschaftliche Gesamtrechnungen, Qualitätsbericht, 09/2022-09/2023, 2023, S. 9.

1. Volkswirtschaftliche Grundlagen

Land- und Forstwirtschaft, Fischerei
+ produzierendes Gewerbe
+ Baugewerbe
+ Handel, Verkehr, Gastgewerbe
+ Information und Kommunikation
+ Finanz- und Versicherungsdienstleister
+ Grundstücks- und Wohnungswesen
+ Unternehmensdienstleister
+ öffentliche Dienstleister, Erziehung, Gesundheit
+ sonstige Dienstleister
= Summe der Bruttowertschöpfungen
+ Gütersteuern
- Gütersubventionen
= Bruttoinlandsprodukt (zu Marktpreisen)

EXKURS

Bruttowertschöpfung

→**Bruttowertschöpfung**: Produktionswert abzüglich der Vorleistungen

Der Produktionswert ergibt sich aus der Summe von:
- Güterverkäufe an Unternehmen, private Haushalte, Staat, Ausland
- Bestandsveränderungen an eigenen Erzeugnissen
- selbsterstellte Anlagen.

Der Produktionswert wird **ohne** →**Gütersteuern** (Tabak-, Mineralöl- und Mehrwertsteuer[1]), aber **inklusive** Gütersubventionen ausgewiesen.

Zu den Vorleistungen zählen:
- Verbrauch von Roh-, Hilfs- und Betriebsstoffen
- Vorprodukte
- Reparatur.

2. Verwendungsrechnung (Ausgabenansatz)	Wie werden die Werte der erzeugten Güter, die zu Einkommen führen, für den Konsum, Investitionen oder Exporte verwendet?

private Konsumausgaben (C)
+ Konsumausgaben des Staates (G)
+ Bruttoinvestitionen (Bruttoanlageinvestitionen + Vorratsveränderungen) (I)
+ Exporte (Ex)
- Importe (Im)
= Bruttoinlandsprodukt (zu Marktpreisen) Y_M

Die Differenz zwischen Exporten und Importen wird →**Außenbeitrag** genannt.

Die Verwendungsrechnung kann mit einer Gleichung dargestellt werden:

$Y_M = C + G + I + Ex - Im$

WICHTIG

Die Ermittlung des Bruttoinlandsprodukts über die Entstehungsseite und die Verwendungsseite ergibt den gleichen Wert.

---

[1] Vgl. Statistisches Bundesamt, https://www.destatis.de/DE/Themen/Wirtschaft/Volkswirtschaftliche-Gesamtrechnungen-Inlandsprodukt/Methoden/bip.html, Abruf 20.11.2023.

1.3 Volkswirtschaftliche Gesamtrechnung

Eine separate **„komplette"** Berechnung des Bruttoinlandsprodukts über die Verteilungsrechnung ist aufgrund von Datenproblemen nicht möglich.[1]

3. Verteilungsrechnung	Die Verteilung des Volkseinkommens auf Arbeitnehmerentgelte sowie Unternehmens- und Vermögenseinkommen wird aufbereitet.

Für die nachfolgende Tabelle aus der Wirtschaftspraxis werden folgende Begriffe erläutert:

▶ **Produktions- und Importabgaben:** Gütersteuern, Grundsteuer und Kfz-Steuer (sonstige Produktionsabgaben) für Unternehmen, Zölle[2]

▶ **Saldo Primäreinkommen aus der übrigen Welt:** *„Die aus der übrigen Welt erhaltenen oder an die übrige Welt geleisteten Primäreinkommen bestehen aus den Arbeitnehmerentgelten, den grenzüberschreitenden Vermögenseinkommen und den an die Europäische Union entrichteten Produktions- und Importabgaben und von der EU gewährten Güter- und sonstige Subventionen."*[3]

Ein Beispiel aus der Wirtschaftspraxis soll dem Leser den Sachverhalt zur Entstehung, Verwendung und Verteilung des Bruttoinlandsprodukts verdeutlichen.[4]

Entstehung, Verwendung und Verteilung des Bruttoinlandsprodukts 2022
in Milliarden EUR

Entstehung		=	Verwendung		=	Verteilung	
Bruttowertschöpfung	3.509,6		Konsumausgaben	2.830,2		Volkseinkommen	2.890,9
Prod. Gewerbe (ohne Baugewerbe)	841,8		Private Konsumausgaben	1.979,3		Arbeitnehmerentgelt	2.023,6
Handel, Verkehr, Gastgewerbe	591,8		Konsumausgaben des Staates	850,9		Unternehmens- und Vermögenseinkommen	867,4
Grundstücks- und Wohnungswesen	343,9		+			+	
Öffentl. Dienstleister, Erziehung, Gesundheit	657,5		Bruttoinvestitionen	970,3		Produktions- und Importabgaben an den Staat abzügl. Subventionen vom Staat	347,8
Sonstige	1.074,5		Bruttoanlageinvestitionen	856,2			
			Vorratsveränderungen	114,1			
+			+			+	
Gütersteuern abzügl. Gütersubventionen	367,2		Außenbeitrag	76,3		Abschreibungen	788,8
			Exporte	1.974,2		−	
			− Importe	1.897,9		Saldo der Primäreinkommen aus übr. Welt	150,8
Bruttoinlandsprodukt = 3.876,8							

Quelle: *Statistisches Bundesamt (Destatis). 2023*

---

1 Vgl. Statistisches Bundesamt, Volkswirtschaftliche Gesamtrechnungen, Qualitätsbericht, 09/2022-09/2023, 2023, S. 9.
2 Vgl. Statistisches Bundesamt, https://www.destatis.de/DE/Themen/Wirtschaft/Volkswirtschaftliche-Gesamtrechnungen-Inlandsprodukt/Methoden/erlaeuterung-steuern.html, Abruf 20.11.2023.
3 Vgl. Statistisches Bundesamt, https://www.destatis.de/DE/Themen/Wirtschaft/Volkswirtschaftliche-Gesamtrechnungen-Inlandsprodukt/Methoden/erlaeuterung-bruttonationaleinkommen.html, Abrufdatum 20.11.2023.
4 Statistisches Bundesamt, https://www.destatis.de/DE/Themen/Wirtschaft/Volkswirtschaftliche-Gesamtrechnungen-Inlandsprodukt/Methoden/bip.html, Abruf 20.11.2023.

1. Volkswirtschaftliche Grundlagen

Inlands- und Inländerkonzept

→Inlandskonzept	→Inländerkonzept
▶ „auch **Arbeitsortkonzept** genannt, da es alle in einem Wirtschaftsgebiet erbrachten wirtschaftlichen Leistungen misst, unabhängig davon, wer sie erbracht hat."[1]	▶ „auch **Wohnortkonzept** genannt, da es die wirtschaftlichen Leistungen aller inländischen Wirtschaftseinheiten misst, unabhängig davon, an welchem Ort sie erbracht wurden."[2]
▶ von In- und Ausländern (Privatpersonen, Unternehmen) erzeugte Werte im Inland	▶ Inländer (= ständiger Wohnsitz) erzeugen Werte im In- und Ausland
Beispiele: Ausgaben von ausländischen Personen am Oktoberfest in München. Wert der Produktion eines deutschen Maschinenbauers in Deutschland	**Beispiel:** Vortrag eines deutschen Professors in New York; dafür erhält er ein Honorar

Bruttoinlandsprodukt (Inlandskonzept)	+	Saldo der Primäreinkommen mit der übrigen Welt	=	Bruttonationaleinkommen (Inländerkonzept)

1.3.3 Primär- und Sekundärverteilung des Volkseinkommens

Lohn- und Gewinnquote

Die Höhe des Bruttoinlandsprodukts oder des Volkseinkommens lässt keine Aussage zu, wie die Verteilung in der Volkswirtschaft ist. Es können wenige Individuen geringe oder hohe Anteile am Volkseinkommen haben. Die **Lohnquote** sowie die **Gewinnquote** informieren über diese Sachverhalte.

$$\text{Lohnquote} = \frac{\text{Arbeitnehmerentgelt}}{\text{Volkseinkommen}} \cdot 100$$

Zum Arbeitnehmerentgelt zählen die Entlohnung der angestellten Arbeitnehmer und Beamten sowie Ausbildungsvergütungen inklusive der Sozialbeiträge der Arbeitgeber.

Der Anteil der Arbeitnehmerentgelte am Volkseinkommen wird durch die Lohnquote aufgezeigt. Das Statistische Bundesamt weist eine Lohnquote von ca. 70 % für das Jahr 2022 aus.[3]

$$\text{Gewinnquote} = \frac{\text{Unternehmens- und Vermögenseinkommen}}{\text{Volkseinkommen}} \cdot 100$$

Die Gewinnquote zeigt einen Anteil des Unternehmens- und Vermögenseinkommens am Volkseinkommen. Die Unternehmenseinkommen stellen die „Gewinne" der Selbstständigen und Unternehmen dar.

Das Vermögenseinkommen beinhaltet z. B.

▶ Mieten und Pachteinnahmen
▶ Zinserträge
▶ Dividenden.

Ein privater Haushalt kann eine Wohnung vermieten, Zinserträge erzielen sowie Einnahmen aus Dividenden erhalten.

Lohnquote + Gewinnquote = 1

---

[1] Vgl. Statistisches Bundesamt, Volkswirtschaftliche Gesamtrechnungen 2022 – Wichtige Zusammenhänge im Überblick, 2023, S. 31.
[2] Vgl. Statistisches Bundesamt, Volkswirtschaftliche Gesamtrechnungen 2022 – Wichtige Zusammenhänge im Überblick, 2023, S. 31.
[3] Vgl. Statistisches Bundesamt – wichtige Zusammenhänge 2022, 2023, S. 23.

1.3 Volkswirtschaftliche Gesamtrechnung

Lohnquote 0,7 + Gewinnquote 0,3 = 1

Die Gewinnquote betrug im Jahr 2022 in Deutschland (ca.) 30 %.

BEISPIEL

Die **Entlohnung** (Einkommensschöpfung) der über den **Markt (Angebot und Nachfrage)** eingesetzten und bewerteten Produktionsfaktoren Boden, Arbeit und Kapital stellen die **Primärverteilung** dar.

Primärverteilung

Die **primäre** Einkommensverteilung gliedert sich in eine **funktionale** (nach Produktionsfaktoren) und **personelle** Einkommensverteilung.

funktionale Einkommensverteilung	personelle Einkommensverteilung
marktbewertete Entlohnung der eingesetzten Produktionsfaktoren (funktional) **Arbeitnehmerentgelt** Faktor Arbeit: Lohn, Gehalt **Vermögenseinkommen** Faktor Boden: ▶ Miete ▶ Pacht Faktor Kapital: ▶ Zinsen ▶ Dividende **Unternehmenseinkommen (Gewinne)**	Verteilung der Arbeitnehmerentgelte sowie Unternehmens- und Vermögenseinkommen auf die Haushalte (Ein- oder Mehrpersonenhaushalte) Jeder Haushalt kann Einkommen aus einer oder mehreren Quellen erhalten. **Beispiel**: Haushalt 1: Gehalt, Zinsen Haushalt 2: Lohn, Miete Haushalt 3: Unternehmensgewinn, Pacht

Für die privaten Haushalte kann aufgrund der verschiedenen Einkommensquellen das verfügbare Einkommen ermittelt werden. Die nachfolgende „**vereinfachte**" Darstellung der Berechnung geht von einem **individuellen** Arbeitsentgelt aus. Weitere Einkommensquellen (z. B. Mieteinnahmen) werden nicht berücksichtigt.

verfügbare Einkommen

    Arbeitsentgelt
- direkte Steuern (z. B. Lohnsteuer)
- Sozialbeiträge
+ empfangene →**Transfereinkommen**
= verfügbares Einkommen

Das verfügbare Einkommen kann konsumiert und/oder gespart werden.

$$\text{Sparquote} = \frac{\text{Sparen}}{\text{verfügbares Einkommen}} \cdot 100$$

Die Sparquote zeigt den Anteil des Sparens am verfügbaren Einkommen. Die Sparquote lag in Deutschland im Jahr 2022 bei ca. 11 %.[1]

$$\text{Konsumquote} = \frac{\text{Konsum}}{\text{verfügbares Einkommen}} \cdot 100$$

Die Konsumquote (ca. 89 %, Jahr 2022) stellt den Anteil des Konsums am verfügbaren Einkommen dar.

Konsumquote + Sparquote = 1

Das **verfügbare Einkommen** ist ein Nominaleinkommen. Um zu ermitteln, welche Güter ein privater Haushalt erwerben kann, muss die Preissteigerungsrate (Inflationsrate, gemessen nach dem →**Verbraucherpreisindex**) berücksichtigt werden.

real verfügbares Einkommen

---

[1] Statistisches Bundesamt, https://www.destatis.de/DE/Presse/Pressemitteilungen/Zahl-der-Woche/2023/PD23_43_p002.html, Abruf 21.11.2023.

1. Volkswirtschaftliche Grundlagen

BEISPIEL

nominales verfügbares Einkommen	2.500 €
abzüglich 5 % Inflationsrate	125 €
reales verfügbares Einkommen	2.375 €

Das reale verfügbare Einkommen stellt die →**Kaufkraft** dar. Der private Haushalt kann durch die Inflationsrate um 125 € weniger Güter kaufen.

BEISPIEL

Der private Haushalt hat 100 € zum Konsum zur Verfügung. Der Preis für das Konsumgut steigt durch Inflation von 100 € auf 110 €. Da nur 100 € Budget gegeben sind, kann sich der private Haushalt das Konsumgut nicht kaufen. Die Inflation schränkt die Konsummöglichkeiten ein. Private Haushalte kaufen bei Inflation z. B. weniger Bio-Waren und ersetzen sie durch günstigere Güter, damit sie mehr Güter mit ihrem realen verfügbaren Einkommen erwerben können.

Sekundärverteilung des Volkseinkommens

Private Haushalte erhalten z. B. Transfereinkommen (Sekundäreinkommen), das über die Steuern finanziert wird. Hierbei handelt es sich um eine Sekundärverteilung des Volkseinkommens.

BEISPIEL

- Kindergeld
- Wohngeld
- Bürgergeld

Diese **Transferzahlungen** werden durch die **Politik** bestimmt und sind **unabhängig** von der durch den Markt bewerteten Leistung. Die Sekundärverteilung (staatliche Einkommensumverteilung) korrigiert die als „ungerecht" empfundene Primärverteilung, da die Individuen unterschiedliche Chancen auf dem Markt haben.

Transferzahlungen für Unternehmen sind **Subventionen**.

Messung der Einkommens- und Vermögensverteilung

Um die Einkommens- und Vermögensverteilung zu messen, gibt es verschiedene Methoden. Eine Ungleichverteilung des Einkommens lässt sich über die „Lorenzkurve" darstellen. Die nachfolgende Abbildung zeigt, dass 80 % der Haushalte über 30 % des Einkommens verfügen. Daraus lässt sich ableiten, dass auf 20 % der Haushalte 70 % des Einkommens entfällt.

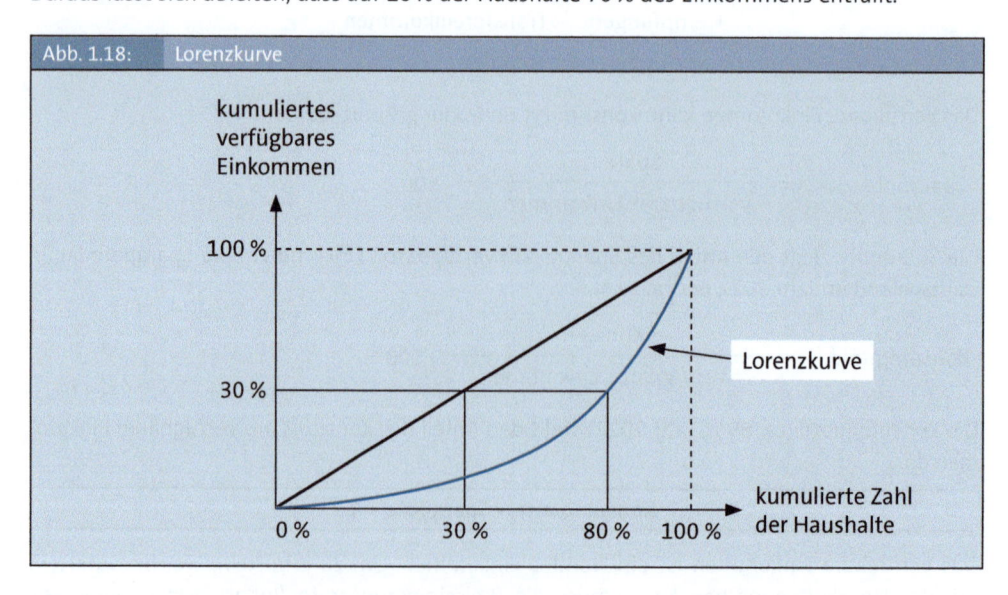

Abb. 1.18: Lorenzkurve

Neben dem Einkommen kann es bei dem Vermögen auch zu Ungleichverteilungen kommen. Während beim Einkommen in Deutschland die Gewerkschaften und die staatliche Umverteilungspolitik nicht stark ungleich verteilt sind, weisen die Vermögen in Deutschland eine starke

Ungleichverteilung auf. 10 % der Bevölkerung besitzen ca. 65 % des Sach- und Geldvermögens in Deutschland.[1]

1.3.4 Probleme der Volkswirtschaftlichen Gesamtrechnung

Das Bruttoinlandsprodukt unterliegt der Kritik. Zudem sind verschiedene Probleme mit der Volkswirtschaftlichen Gesamtrechnung verbunden. Die nachfolgende Tabelle informiert hierzu:

Kritik

Verteilungsrechnung	Die Höhe des Bruttoinlandsprodukts zeigt nicht auf, wie es verteilt ist. Es können wenige Individuen über viel Vermögen und/oder Einkommen verfügen.
keine Erfassung aller Aktivitäten	Nachbarschaftshilfe, Do-it-yourself usw. werden nicht mit dem Bruttoinlandsprodukt erfasst. Wenn ein Nachbar beim Absägen des Apfelbaums hilft, dann fällt i. d. R. keine Zahlung an. Beauftragt der Hauseigentümer ein Unternehmen zur Baumpflege, dann wird eine Rechnung fällig und das Bruttoinlandsprodukt würde ansteigen.
Glück	Trägt ein höheres Bruttoinlandsprodukt zu mehr Glück bei? Untersuchungen zeigen, dass dies nicht der Fall ist.
Komplexität	Die Volkswirtschaftliche Gesamtrechnung ist komplex. Daher werden Schätzungen und Annahmen für die Ermittlung der Werte verwendet. Eine Genauigkeit liegt nicht vor und die Ergebnisse der Volkswirtschaftlichen Gesamtrechnung werden laufend überarbeitet.
Unfälle	Unfälle erhöhen das Bruttoinlandsprodukt wegen der Reparaturleistungen.

IM ÜBERBLICK

Aufgaben der Volkswirtschaftlichen Gesamtrechnung sind z. B. Berechnung des Bruttoinlandsprodukts und des Bruttonationaleinkommens, Ermittlung der Lohn- und Gewinnquote.

- Nutzen der Volkswirtschaftlichen Gesamtrechnung z. B. für Wirtschaftsforschungsinstitute, um Prognosen zur wirtschaftlichen Entwicklung zu erstellen, oder Vergleich von Wachstumsraten des Bruttoinlandsprodukts verschiedener Länder
- Das Bruttoinlandsprodukt stellt den Wert der erzeugten Güter in einer Volkswirtschaft in einem Jahr dar.
- Das Bruttoinlandsprodukt kann durch die Entstehungs- und Verwendungsrechnung ermittelt werden. Bei der Verteilungsrechnung gibt es zur Ermittlung des Bruttoinlandsprodukts teilweise Probleme mit dem Dateninput.
- Inlandskonzept: Berechnung des Bruttoinlandsprodukts nach dem Arbeitsortprinzip. Die erzeugten Werte von In- und Ausländern im Inland werden abgebildet.
- Inländerkonzept: Berechnung des Bruttonationaleinkommens nach dem Wohnortprinzip. Wenn ein Inländer mit ständigem Wohnsitz Werte im Inland, aber auch im Ausland erzeugt, wird dies dem Bruttonationaleinkommen zugeordnet.
- Das primär entstandene und über den Markt bewertete Einkommen durch den Einsatz von Boden, Arbeit und Kapital stellt die Primärverteilung dar.
- Die Sekundärverteilung (staatliche Umverteilung) ist unabhängig von der am Markt bewerteten Leistung und erfolgt durch die Politik.
- Das Nominaleinkommen abzüglich der Inflationsrate stellt das reale Einkommen dar.
- Probleme der Volkswirtschaftlichen Gesamtrechnung sind z. B.:
  - Die Höhe des Bruttoinlandsprodukts ist kein Indiz, wie es verteilt wird.
  - Nicht alle Aktivitäten werden durch das Bruttoinlandsprodukt erfasst, z. B. Nachbarschaftshilfe, Do-it-yourself.

---

[1] Vgl. DGB, Verteilungsbericht 2021, S. 60-67.

1.4 Konjunktur und Wirtschaftswachstum

1.4.1 Grundlagen

Ursachen für Konjunkturschwankungen

Die Schwankungen der Lage der Volkswirtschaft, z. B. gemessen an den Veränderungen des Bruttoinlandsprodukts, werden als Konjunktur bezeichnet.

Ursachen für Schwankungen sind z. B.:

exogene (von außen) Schocks	Gas- und Ölkrise, Kriege, Naturkatastrophen
saisonale Gründe	Tourismus, Bauwirtschaft
Europäische Zentralbank	► Zinssatzerhöhungen können zu rückläufigen wirtschaftlichen Aktivitäten führen ► Zinssatzsenkungen können die wirtschaftliche Entwicklung impulsieren
internationale Konkurrenz	Inländische Güter sind nicht mehr wettbewerbsfähig und die Nachfrage sinkt.
reduzierte Kaufkraft der Konsumenten	Trotz hoher Inflation werden die Löhne und Gehälter nicht angepasst; die Nachfrage nach Konsumgütern sinkt.
hohe Investitionen in der Vergangenheit	In einer Phase der Vergangenheit investierten die Unternehmen viel, sodass durch zu hohe Kapazitäten und einer geringen Auslastung die Investitionen zukünftig reduziert werden, was zu einem geringeren Wirtschaftswachstum führt.
psychologische Aspekte	► **Pessimismus**: viel Bürokratie, hohe Steuersätze, schrumpfende Bevölkerung ► **Optimismus**: positive Erwartungen, da hoher Anteil junge Bevölkerung, die konsumieren möchte

Konjunkturzyklus

Der idealtypische Konjunkturzyklus kann in die vier Phasen

► Aufschwung
► Boom
► Abschwung
► Depression

eingeteilt werden.

1.4 Konjunktur und Wirtschaftswachstum

Phase Konjunkturzyklus	Erläuterung
Aufschwung (I)	Anstieg einer oder mehrerer Nachfragekomponenten: ▶ privater Konsum ▶ private Investitionen ▶ Staatsausgaben ▶ Export. Durch die zunehmende Nachfrage steigen die Preise, die Kapazitäten werden mehr ausgelastet. Die Nachfrage nach Arbeitskräften steigt und die Arbeitslosigkeit geht zurück.
Boom (II)	▶ (nahezu) volle Kapazitätsauslastung ▶ Preise steigen an (Inflationsgefahr), weil die Löhne und Gehälter zunehmen; es kann sich eine Lohn-Preis-Spirale entwickeln ▶ Fachkräftemangel
Abschwung (III) (Rezession)	▶ meist Kurzarbeit ▶ →Rezession bei einem Rückgang des realen Bruttoinlandsprodukts (nominales BIP abzüglich Inflationsrate) drei Quartale hintereinander ▶ Preise bleiben meist noch eine Zeit lang hoch, bis sie sinken, weil die Nachfrage zurückgeht ▶ Kapazitätsauslastung sinkt ▶ bei längerer Rezession steigt die Arbeitslosigkeit
Depression (IV)	▶ Nachfrage sinkt deutlich ▶ Preise sind rückläufig, um die Nachfrage anzukurbeln ▶ Kapazitätsauslastung sinkt ▶ Arbeitslosigkeit steigt ▶ Gefahr der Deflation (negative Inflationsraten)

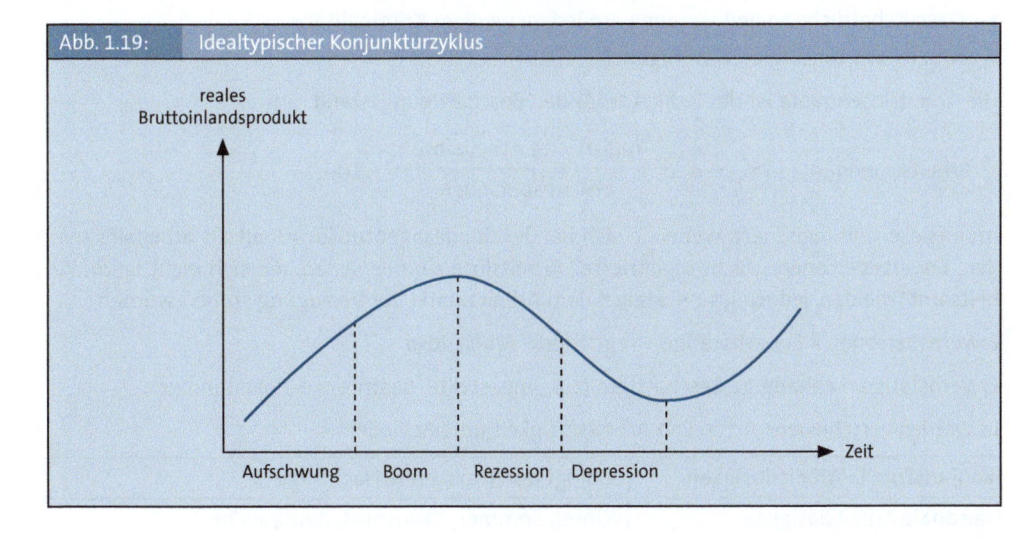

Abb. 1.19: Idealtypischer Konjunkturzyklus

reales Bruttoinlandsprodukt = nominales Bruttoinlandsprodukt - Inflationsrate

Die Inflationsrate wird in Deutschland durch den Verbraucherpreisindex gemessen.

Es gibt verschiedene Konjunkturindikatoren, die Aufschluss über die wirtschaftliche Entwicklung geben.

Konjunkturindikatoren

1. Volkswirtschaftliche Grundlagen

Frühindikatoren	▶ Geschäftsklimaindex des Ifo-Instituts ▶ Auftragseingänge
Indikatoren der laufenden Periode	▶ →**Leitzinssatz** der Europäischen Zentralbank ▶ Sparquote
Spätindikatoren	▶ Arbeitslosenquote ▶ Bruttoinlandsprodukt: erste Schätzung im Januar des Folgejahres durch Pressekonferenz des Statistischen Bundesamtes

Wachstum — Die →**Wachstumsrate** der Volkswirtschaft wird durch die Veränderungsrate des realen Bruttoinlandsprodukts abgebildet.

1.4.2 Ziele der Stabilitätspolitik

1.4.2.1 „Magisches Viereck"

Grundlage für die Stabilitätspolitik ist das Stabilitätsgesetz von 1967. Das Oberziel besteht darin, die Ziele des „→**magischen Vierecks**" zu erfüllen. Der Begriff „magisch" verdeutlicht, dass nicht alle Ziele gleichzeitig erfüllt sein können.

Die einzelnen Ziele

- „hoher Beschäftigungsstand",
- „Preisniveaustabilität",
- „außenwirtschaftliches Gleichgewicht" sowie
- „angemessenes und stetiges Wirtschaftswachstum"

werden nachfolgend dargestellt.

hoher Beschäftigungsstand — Eine geringe Arbeitslosigkeit ist ein Ziel in einer Volkswirtschaft.

Begründungen hierfür sind:

- Mit zunehmender Beschäftigung steigen die Steuereinnahmen für den Staat sowie die Einnahmen aus Sozialversicherungsbeiträgen.
- Gesellschaftliche Folgen werden vermieden: weniger Kriminalität.
- Arbeitslose konsumieren weniger.

Die Arbeitslosenquote ist der Indikator für den Beschäftigungsstand.

$$\text{Arbeitslosenquote in \%} = \frac{\text{registrierte Arbeitslose}}{\text{Erwerbspersonen}} \cdot 100$$

Arbeitslose sind registriert, wenn sie sich bei der Bundesagentur für Arbeit als arbeitslos melden. Erwerbspersonen, „nicht-registrierte" Arbeitslose sind Personen, die sich nicht beim „Arbeitsamt" melden, jedoch grundsätzlich dem Arbeitsmarkt zur Verfügung stehen würden.

Erwerbspersonen = Erwerbstätige + registrierte Arbeitslose

Erwerbstätige = abhängige Beschäftigte (z. B. Angestellte, Beamte) + Selbstständige

Es werden verschiedene Arten von Arbeitslosigkeit unterschieden:

konjunkturelle Arbeitslosigkeit	bedingt durch sinkende Nachfrage
saisonale Arbeitslosigkeit	Winter, Sommer: Tourismus, Baubranche
strukturelle Arbeitslosigkeit	Strukturwandel: Kohlebergbau; Fachkräfte in diesem Bereich werden (derzeit) nicht mehr gebraucht. Die Personen werden umgeschult, z. B. IT.

Es gibt eine aktive und passive Arbeitsmarktpolitik:

aktive Arbeitsmarktpolitik	Fort- und Weiterbildungen, Umschulungen
passive Arbeitsmarktpolitik	Arbeitslosengeld

Ein weiteres Ziel einer Volkswirtschaft ist die Preisniveaustabilität. In Deutschland wird die Inflationsrate mit dem „Verbraucherpreisindex" gemessen. Es wird ein Warenkorb gebildet, der fünf Jahre konstant ist. Im Warenkorb sind ca. 650 Güterarten enthalten, deren Preise in allen Bundesländern zur Mitte des Monats erhoben werden.[1] Insgesamt werden mehrere hunderttausende Preise pro Monat erhoben.

Preisniveaustabilität

Da der Warenkorb über fünf Jahre konstant bleibt, können die Preisveränderungen der jeweiligen Güter des laufenden Jahres zum Basisjahr nach folgender Formel berechnet werden.

$$\text{Verbraucherpreisindex (VPI)}^{[2]} = \frac{\text{Ausgaben für Warenkorb des Basisjahres zu Preisen des laufenden Jahres}}{\text{Ausgaben für Warenkorb des Basisjahres zu Preisen des Basisjahres}} \cdot 100$$

VERBRAUCHERPREISINDEX

Basisjahr: Menge für Äpfel: 1 kg Preis: 2 €/kg	Ausgaben für Warenkorb des Basisjahres zu Preisen des Basisjahres 1 kg · 2 €/kg = 2 € Annahme: VPI = 100 im Basisjahr
Laufendes Jahr: Menge des Basisjahres für Äpfel: 1 kg (da konstant) Preis: 3 €/kg	Ausgaben für Warenkorb des Basisjahres zu Preisen des Basisjahres 1 kg · 3 €/kg = 3 €
Verbraucherpreisindex (Formel oben)	$\text{VPI} = \dfrac{3\,€}{2\,€} \cdot 100 = 150$

In der Realität konsumieren die privaten Haushalte nicht nur Äpfel, wie im vereinfachten Beispiel, sondern verbrauchen viele Güter:

- Bekleidung
- Gesundheitsgüter
- Freizeitgüter
- Nahrungsmittel
- Möbel
- usw.

Das Statistische Bundesamt ermittelt über Stichproben die Ausgabenanteile der privaten Haushalte für Bekleidung, Gesundheit usw. Es wird ein „Wägungsschema" erstellt und der Verbraucherpreisindex damit verknüpft. Somit wird ein „gewichteter Mittelwert" für den Verbraucherindex berechnet.

Der Verbraucherpreisindex zeigt die **„durchschnittliche"** Preisveränderung der konsumierten Waren und Dienstleistungen in Deutschland auf. Der Begriff „Durchschnitt" ist wesentlich, da die Verbraucher unterschiedliche Präferenzen haben und die Preisveränderungen der jeweiligen Güter variieren.

Konsument A kauft viel Schokolade und wenig Obst ein. Preissteigerungen beim Obst treffen den Konsumenten daher wenig. Wenn jedoch die Schokoladenpreise steigen, dann könnte es sein, dass die Zahlungsbereitschaft für die teurere Schokolade sinkt, weil das Budget für Konsumgüter nicht ausreicht.

Konsument B fährt viel Auto. Preissteigerungen beim Benzin reduzieren sein (konstantes) Budget.

---

1 Vgl. Statistisches Bundesamt, Verbraucherpreisindex für Deutschland, Qualitätsbericht, 2021, https://www.destatis.de/DE/Methoden/Qualitaet/Qualitaetsberichte/Preise/verbraucherpreis.pdf?__blob=publicationFile, Abruf 23.11.2023.

2 DIHK-Gesellschaft für berufliche Bildung, Formelsammlung 2022, S. 9.

Da jeder Verbraucher seinen eigenen Warenkorb hat, kommt es darauf an, ob die individuell verbrauchten Güter Preissteigerungen unterliegen. Somit entstand der Begriff der **„gefühlten Inflation"**. Bei Gütern, die häufiger gekauft werden (i. d. R. Nahrungsmittel), beobachtet der Verbraucher genauer die Preisveränderungen.

Mit dem Verbraucherpreisindex kann die Inflationsrate berechnet werden.

$$\text{Inflationsrate (Preissteigerungsrate) in \%} = \frac{\text{VPI aktuelle Periode - VPI Vorperiode}}{\text{VPI Vorperiode}} \cdot 100$$

$$= \frac{150 - 100}{100} \cdot 100 = 50\,\%$$

Die Preissteigerungsrate wird vom Statistischen Bundesamt zum jeweiligen Vorjahresmonat ausgewiesen.

außenwirtschaftliches Gleichgewicht

Wenn die Exporte gleich den Importen sind, dann liegt ein außenwirtschaftliches Gleichgewicht vor. Deutschland exportiert viele Güter, sodass in der Vergangenheit überwiegend ein Exportüberschuss vorlag und somit das Ziel des außenwirtschaftlichen Gleichgewichts nicht erreicht wurde.

Die Europäische Union erstellte für das außenwirtschaftliche Ungleichgewicht eine Kennzahl im Rahmen des „makroökonomischen Scoreboards". Der Schwellenwert für den Leistungsbilanzsaldo im Verhältnis zu dem Bruttoinlandsprodukt liegt bei 6 %. Deutschland hat diesen Wert häufiger überschritten.

angemessenes und stetiges Wirtschaftswachstum

Das Wirtschaftswachstum hängt ab von den Ausstattungen der Produktionsfaktoren

- Boden (Bodenschätze)
- Arbeit (Zahl der Erwerbspersonen, Bildungsstand usw.)
- Kapital (Sachanlagevermögen, Geldkapital)
- und dem technischen Fortschritt (Innovationspotenzial).

Die maximale Wertschöpfung in einer Volkswirtschaft wird durch das Produktionspotenzial abgebildet, wenn alle Produktionsfaktoren vollständig eingesetzt werden. Wenn Arbeitskräfte fehlen (Fachkräftemangel), kann das Wirtschaftswachstum gebremst werden.

Die Wachstumsrate wird durch die prozentuale Veränderung des (realen) Bruttoinlandsprodukts ermittelt:

- „stetiges" Wirtschaftswachstum: Die Wachstumsraten sind im Laufe der Jahre ähnlich hoch.
- „angemessenes" Wirtschaftswachstum: Das Wirtschaftswachstum sollte so hoch sein, dass zusätzliche Beschäftigung (Arbeitsplätze) geschaffen wird.

Die Vor- und Nachteile des Wirtschaftswachstums sind beispielsweise:

Vorteile	Nachteile
Schaffung von Arbeitsplätzen	Verbrauch von Ressourcen; kritisch, da Ressourcen endlich sind
Steuereinnahmen steigen für staatliche Investitionen (Infrastruktur), aber auch für Sozialleistungen	Weiteres „Anheizen" des Klimas; das 1,5-Grad-Ziel wird durch zusätzliche weitere wirtschaftliche Aktivitäten nicht erreicht

Neben dem „magischen Viereck" gibt es auch das „magische Sechseck". Zusätzlich zu den Zielen des magischen Vierecks kommen folgende Ziele hinzu:

- Umweltschutz
- gerechte Einkommens- und Vermögensverteilung.

Eine geringe Staatsverschuldung würde ein siebtes Ziel darstellen.

1.4.2.2 Zielkonflikte und Zielharmonie

Die Ziele des „magischen Vierecks" können verschiedene Beziehungen zueinander haben, die sich in Zielkonflikten zeigen.

Zielkonflikte

Die Pfeile in untenstehender Abbildung zeigen verschiedene Zielkonflikte auf.

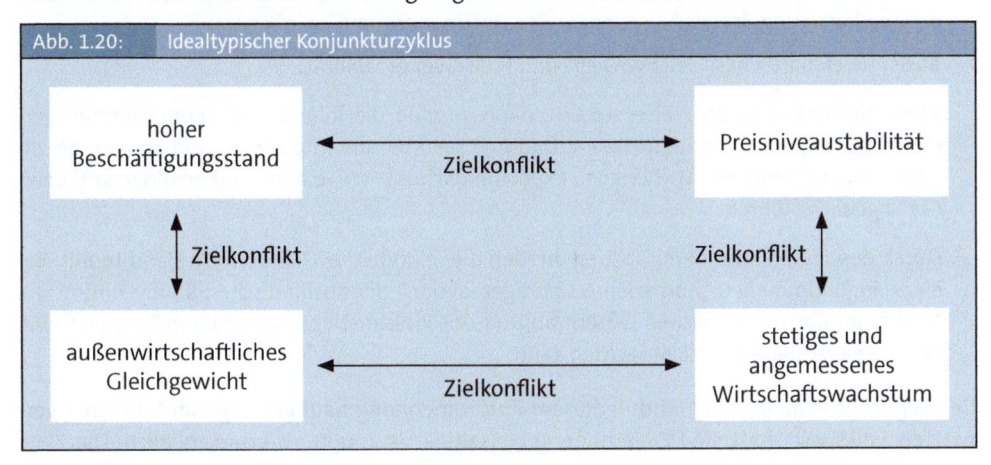

Abb. 1.20: Idealtypischer Konjunkturzyklus

```
hoher                  <--- Zielkonflikt --->    Preisniveaustabilität
Beschäftigungsstand

      ↕ Zielkonflikt                                   ↕ Zielkonflikt

außenwirtschaftliches  <--- Zielkonflikt --->    stetiges und
Gleichgewicht                                    angemessenes
                                                 Wirtschaftswachstum
```

Zielkonflikt	Erläuterung
hoher Beschäftigungsstand versus Preisniveaustabilität	Dies ist der berühmteste Zielkonflikt, weil die „Phillipskurve" daraus abgeleitet wurde. Mit zunehmender Arbeitslosenquote sinkt die Inflationsrate und umgekehrt. Wenn Inflation herrscht und die Preise hoch sind, dann erhöht die Europäische Zentralbank den Leitzinssatz. Mit steigendem Zinsniveau reduzieren sich die Investitionen, die gesamtwirtschaftliche Nachfrage sinkt und die Arbeitslosigkeit steigt. Durch die Zinserhöhungen geht die Preissteigerungsrate (Inflationsrate) zurück.
Preisniveaustabilität versus stetiges und angemessenes Wirtschaftswachstum	Bei Inflation erhöht die Zentralbank die Leitzinssätze, was zu reduzierten Investitionen führt und das Wirtschaftswachstum bremst. Die Inflationsrate senkt jedoch auch das Wirtschaftswachstum, sodass die „Stetigkeit" und „Angemessenheit" beeinträchtigt sein können.
→außenwirtschaftliches Gleichgewicht versus hoher Beschäftigungsstand	Bei einem Exportüberschuss in einer Volkswirtschaft können Exportzölle eingeführt werden. Die Exportpreise steigen, die ausländische Nachfrage geht zurück, die inländischen Unternehmen produzieren weniger, die Auslastung sinkt und Arbeitslosigkeit entsteht.
außenwirtschaftliches Gleichgewicht versus stetiges und angemessenes Wirtschaftswachstum	Ein Exportüberschuss wird durch ein Exportverbot reduziert, da z. B. Nahrungsmittel für die inländische Bevölkerung benötigt werden. Die Exporteure verzeichnen weniger Auslastung, die Umsätze bei den Exporteuren sinken und somit auch das Wirtschaftswachstum.

Zielharmonie Wenn sich Ziele gegenseitig begünstigen, liegt eine Zielharmonie vor:

- hoher Beschäftigungsstand und „angemessenes sowie stetiges" Wirtschaftswachstum:

  Wenn das Wirtschaftswachstum eine sogenannte „Beschäftigungsschwelle" (z. B. 3 % Wachstumsrate des realen Bruttoinlandsprodukts) überschreitet, dann erhöht sich auch die Beschäftigung und das Ziel „hoher Beschäftigungsstand" wird erreicht.

- außenwirtschaftliches Gleichgewicht und Preisniveaustabilität:

  Wenn die inländischen Preise steigen, dann werden die inländischen Konsumenten vermehrt günstigere Ware importieren. Dadurch nehmen die Importe zu und können bei einem angenommenen vorherigen Exportüberschuss zu einem außenwirtschaftlichen Gleichgewicht führen.

  Durch den inländischen Preisanstieg werden die inländischen Güter im Ausland teurer. Bei einer angenommenen „normalen Nachfragereaktion" der ausländischen Käufer nimmt die Nachfrage nach inländischen Gütern ab und der Preisanstieg wird gedämpft, sodass eine Preisniveaustabilität erreicht werden kann.

Der Begriff „Zielindifferenz" wird in diesem Zusammenhang häufiger angeführt. In einer vernetzten Volkswirtschaft sind Ziele ohne gegenseitige Verknüpfung kaum möglich. Die Ziele sind direkt oder indirekt miteinander verbunden, sodass die Wechselwirkungen zu beachten sind.

IM ÜBERBLICK

- Die Ziele des „Magischen Vierecks" sind hoher Beschäftigungsstand, Preisniveaustabilität, außenwirtschaftliches Gleichgewicht, angemessenes und stetiges Wirtschaftswachstum.
- Der „hohe Beschäftigungsstand" wird durch die Arbeitslosenquote gemessen.
- Arten von Arbeitslosigkeit: konjunkturelle, saisonale und strukturelle Arbeitslosigkeit
- Preisniveaustabilität: Indikator ist der Verbraucherpreisindex (VPI)
- Außenwirtschaftliches Gleichgewicht liegt vor, wenn die Exporte und die Importe gleich groß sind.
- angemessenes und stetiges Wirtschaftswachstum: Indikator: Prozentuale Veränderung des (realen) Bruttoinlandsprodukts
- Das „magische Viereck" kann zum „magischen Sechseck" durch den Umweltschutz und einer „gerechten Einkommens- und Vermögensverteilung" erweitert werden.
- Es bestehen mehrere Zielkonflikte. Der berühmteste Zielkonflikt besteht zwischen dem „hohen Beschäftigungsstand" und der Preisniveaustabilität.
- Zielharmonie ist zwischen „hohem Beschäftigungsstand" und „angemessenem sowie stetigem Wirtschaftswachstum" gegeben.

1.4.3 Wirtschaftspolitische Maßnahmen und Konzeptionen

Die folgenden Unterkapitel stellen folgende Themen dar:

- →**Geldpolitik**
- Finanzpolitik
- Wachstumspolitik
- Tarifpolitik
- Arbeitsmarktpolitik
- →**Umweltpolitik**
- nachfrage- und angebotsorientierte Wirtschaftspolitik.

1.4.3.1 Geldpolitik

1.4.3.1.1 Geldarten, Geldfunktionen und Geldschöpfung

Geld stellt liquide Mittel dar, um Güter zu erwerben.

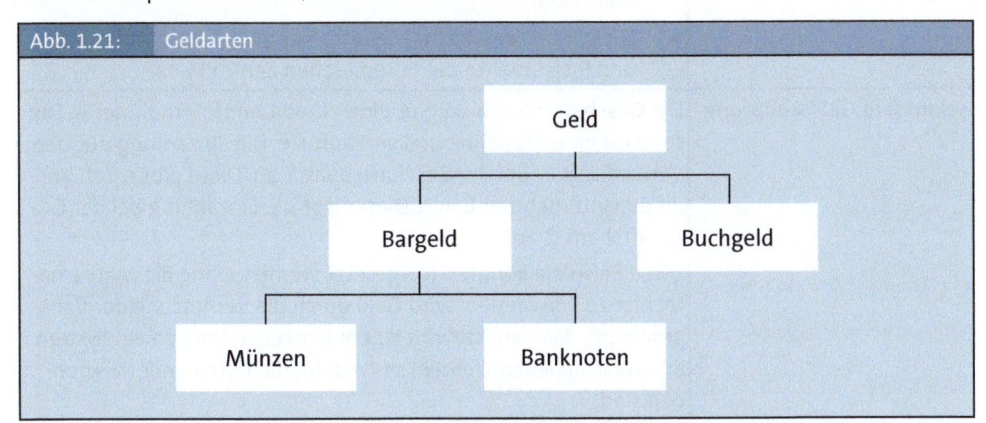

Geldarten

Abb. 1.21: Geldarten

```
                    Geld
                   /    \
              Bargeld   Buchgeld
              /    \
          Münzen  Banknoten
```

Im Jahr 2021 war Bargeld (immer noch) das beliebteste Zahlungsmittel mit einem Anteil von 58 %.[1] Im Jahr 2017 lag dieser Anteil noch bei 74,3 %.[2] Durch die Coronapandemie wurden vermehrt Käufe aus Hygienegründen bargeldlos getätigt. Zudem nehmen die Internetkäufe seit Jahren zu.

Geld erfüllt die folgenden Funktionen:

Funktionen von Geld

Tauschmittelfunktion	Geld wird zur Bezahlung von Gütern verwendet (Ware gegen Geld). Das Geld muss vom Verkäufer **akzeptiert** werden.
Recheneinheit	Früher wurden z. B. Esel gegen Kühe getauscht. Eine Stückelung war (nicht wirklich) möglich. Durch Geld ist eine **Stückelung** der Einheit realisierbar, z. B. 4,99 €. Zudem können z. B. Umsätze berechnet werden: Zwei Tafeln Schokolade je 1,45 € ergibt 2,90 € Umsatz.
Wertaufbewahrungsfunktion	Geld kann „**gelagert**" werden (Sparen). Bei Inflation reduziert sich der reale Wert der Ersparnis, wenn nicht die Verzinsung auf dem Sparkonto mindestens der Inflationsrate entspricht.
gesetzliches Zahlungsmittel	In manchen Ländern wird dem gesetzlichen Zahlungsmittel misstraut, da kein **Vertrauen** vorhanden ist. In solchen Fällen gibt es Parallelwährungen, z. B. US-Dollar, denen mehr vertraut wird als der Inlandswährung.

---

1 Vgl. Deutsche Bundesbank, Zahlungsverhalten in Deutschland 2021, 2022, https://www.bundesbank.de/resource/blob/894078/aebb75f424c02846677ba50b0501ec5e/mL/zahlungsverhalten-in-deutschland-2021-data.pdf, Abruf 24.11.2023.
2 Vgl. Deutsche Bundesbank, Zahlen & Fakten rund ums Bargeld, März 2020, S. 19, https://www.bundesbank.de.

Geldschöpfung Es gibt die primäre und sekundäre →**Geldschöpfung**.

primäre Geldschöpfung	▶ Gold, Devisen oder Sorten werden an die Zentralbank verkauft. Dann erhalten die privaten Haushalte und Unternehmen Geld. ▶ Offenmarktgeschäfte (siehe >> Kapitel 1.4.3.1.2 Aufgaben und Instrumente der Europäischen Zentralbank)
sekundäre Geldschöpfung	Die Geschäftsbank X vergibt einen Kredit an Unternehmer A. Dieser baut eine Maschine und verkauft sie. Die Einzahlung aus dem Verkauf legt er bei der Geschäftsbank Y an. Diese gibt einen Kredit an Unternehmer B aus. Dieser legt die Einzahlung bei der Geschäftsbank Z an. Diese Beispiele könnten fortgesetzt werden. Ohne die Mathematik hier zu verwenden, wird Geld durch die Vernetzung der Bank geschöpft. Man spricht von einem Bankensystem, da ein System aus verschiedenen Elementen besteht, die miteinander verbunden sind. Durch diese Verknüpfung kann ein n-faches der Guthaben einer „Startbank" geschöpft werden. **Beispiel:** Geschäftsbank X hat ein Girokonto-Guthaben von 100 Einheiten. Über die „Verknüpfungseffekte" werden in der Volkswirtschaft 1.000 Einheiten geschöpft.

1.4.3.1.2 Aufgaben und Instrumente der Europäischen Zentralbank

Die maßgebliche Instanz für die Geldpolitik ist die Zentralbank in einer Volkswirtschaft. Im Euro-Raum ist es die Europäische Zentralbank.

Das Oberziel der Europäischen Zentralbank besteht in der Gewährleistung der Preisstabilität.

Um dieses Ziel zu erreichen, wird mittelfristig eine Inflationsrate von 2 % angestrebt.

Aufgaben der EZB **Aufgaben** der Europäischen Zentralbank sind z. B.:[1]

- ▶ Bestimmung der Geldpolitik
- ▶ Devisengeschäfte durchführen
- ▶ Währungsreserven halten und verwalten
- ▶ funktionierendes Zahlungssystem bereitstellen
- ▶ Unterstützung der Wirtschaftspolitik der Länder, die am Euro teilnehmen.

---

[1] Vgl. Europäische Zentralbank, https://www.ecb.europa.eu/ecb/tasks/html/index.de.html, Abruf 24.11.2023.

Die Europäische Zentralbank (EZB) betreibt Geldpolitik mit folgenden ausgewählten Instrumenten.

Instrumente der EZB

Instrumente der EZB	Erläuterungen
→**Hauptrefinanzierungsgeschäfte**	Bei diesem →**Offenmarktgeschäft** bietet über eine Ausschreibung (→**Tender**) die EZB den Geschäftsbanken →**Zentralbankgeld** zum derzeit gültigen Leitzinssatz an. Die Geschäftsbanken erhalten das Zentralbankgeld gegen Hinterlegung von Sicherheiten für eine Laufzeit von einer Woche. Die EZB kann den →**Mengentender** oder den →**Zinstender** anwenden. ► Mengentender: Die Zentralbank gibt Zentralbankgeld (s. >> Abb.1.21: Strecke 0 bis x_1) zu einem festgelegten Leitzinssatz i_1 aus. Die Zentralbank kann die Zentralbankgeldmenge mit einer Zuteilungsquote (Repartierung, z. B. im Intervall 0 und x_1) versehen, wenn geldpolitische Ziele (z. B. Inflationsziele) in Gefahr sind. Nach der Finanzkrise 2008/2009 wurden Vollzuteilungen gegen Sicherheiten realisiert. Der Hauptrefinanzierungssatz (= Leitzinssatz) stellt einen wesentlichen Eckpunkt für die Geldpolitik der Zentralbank dar. Abb. 1.22: Mengentenderverfahren *[Diagramm: Leitzinssatz i (y-Achse), Zentralbankgeldmenge x (x-Achse), horizontale Linie bei i_1, fallende Nachfragekurve der Geschäftsbanken, Schnittpunkt bei x_1]* ► Zinstender: Bei diesem Verfahren geben die Geschäftsbanken Gebote zu einem Zinssatz ab, den sie bezahlen möchten. Die Zentralbank verkauft Zentralbankgeld an die Banken mit dem höchsten Zinsgebot. Dadurch entsteht Wettbewerb unter den Banken und die Gewinne der Zentralbank steigen aufgrund der maximal möglichen Zinserträge.
längerfristige Refinanzierungsgeschäfte	Die Geschäftsbanken erhalten Liquidität mit einer Laufzeit von drei Monaten.
Feinanpassungsmaßnahmen	Die EZB kann ausgewählten Geschäftsbanken innerhalb von Stunden Liquidität entziehen und zuführen.

1. Volkswirtschaftliche Grundlagen

Instrumente der EZB	Erläuterungen
→Einlagefazilität	→**Fazilität** bedeutet Kreditmöglichkeit. Die Geschäftsbanken können „über Nacht" überschüssige Liquidität anlegen. Der Zinssatz für die Einlagefazilität liegt unter dem Leitzinssatz.
→Spitzenrefinanzierungsfazilität	Die EZB stellt Geschäftsbanken „über Nacht" Liquidität bei Bedarf zur Verfügung. Der Zinssatz liegt über dem Leitzinssatz.
→Mindestreserve	Die Geschäftsbanken müssen bei der EZB bzw. den nationalen Notenbanken 1 % der Guthaben auf den Girokonten als Pflichteinlage hinterlegen. Dieser Mindestreserve-Zinssatz kann erhöht oder gesenkt werden. **Erhöhung des Mindestreservesatzes**: Vereinfacht kann eine Bankbilanz mit den Guthaben der Girokonten auf der Habenseite und auf der Sollseite mit der Mindestreserve der Zentralbank dargestellt werden. Geschäftsbankbilanz | Aktiva | Passiva | | Mindestreserve | Guthaben | | Überschussreserve | Girokonten | Wenn der Mindestreservesatz steigt, dann sinkt die Überschussreserve. Die Geschäftsbanken können weniger Kredite an die Unternehmen ausgeben, sodass weniger investiert und die wirtschaftliche Entwicklung gedämpft wird. **Senkung des Mindestreservesatzes**: Die Überschussreserve der Geschäftsbanken steigt. Damit können mehr Kredite an die Unternehmen ausgegeben werden. Damit kann mehr investiert werden und die wirtschaftliche Aktivität nimmt zu.

1.4.3.1.3 Zentralbankrat und Veränderungen des Leitzinssatzes

Zentralbankrat

Der Leitzinssatz, welcher das Kerninstrument der Europäischen Zentralbank ist, wird vom **Zentralbankrat** beschlossen.

Der Zentralbankrat der Europäischen Zentralbank setzt sich wie folgt zusammen:[1]

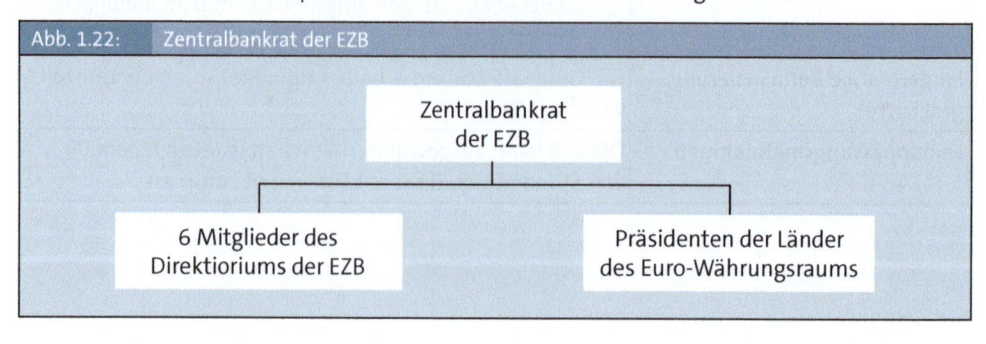

Abb. 1.22: Zentralbankrat der EZB

```
                    Zentralbankrat
                       der EZB
                      /        \
         6 Mitglieder des       Präsidenten der Länder
         Direktoriums der EZB   des Euro-Währungsraums
```

---

[1] Vgl. Deutsche Bundesbank, Glossar, https://www.bundesbank.de/action/de/723820/bbksearch?firstLetter=E, Abruf, 24.11.2023.

1.4 Konjunktur und Wirtschaftswachstum

Darüber hinaus ist das Eurosystem und das Europäische System der Zentralbanken (ESZB) zu unterscheiden:

Eurosystem	EZB und die nationalen Zentralbanken des Euroraums
Europäisches System der Zentralbanken (ESZB)	EZB und Zentralbanken aller EU-Mitgliedstaaten

Die geldpolitische Entscheidung über eine Veränderung des Leitzinssatzes kann folgende Konsequenzen haben.

Veränderungen des Leitzinssatzes

► Erhöhung des Leitzinssatzes:

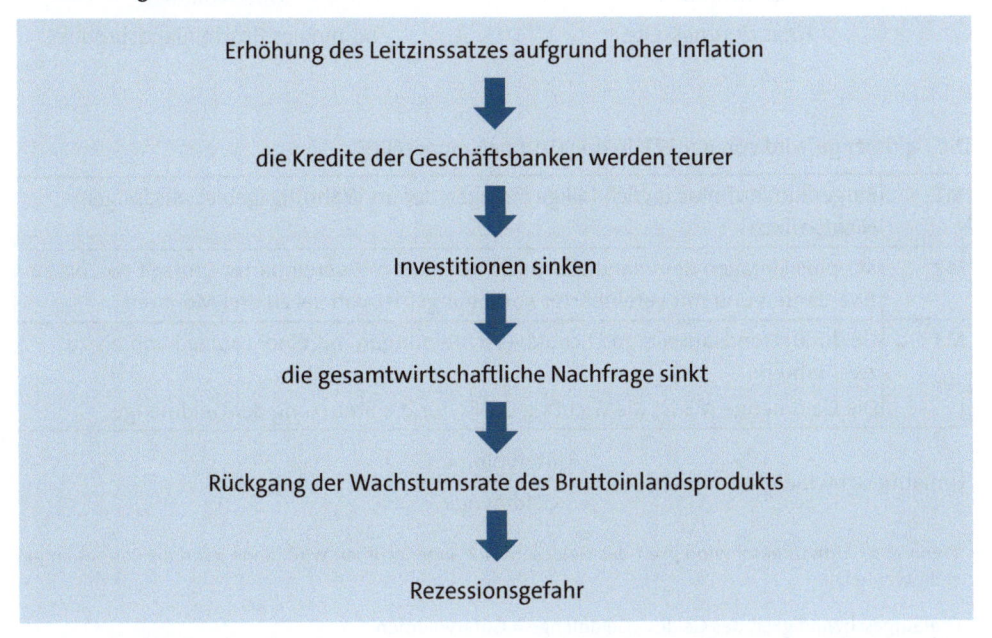

Erhöhung des Leitzinssatzes aufgrund hoher Inflation
⬇
die Kredite der Geschäftsbanken werden teurer
⬇
Investitionen sinken
⬇
die gesamtwirtschaftliche Nachfrage sinkt
⬇
Rückgang der Wachstumsrate des Bruttoinlandsprodukts
⬇
Rezessionsgefahr

Die Wirkung von Leitzinserhöhungen ist mit einem „**time-lag**" (Zeitverzögerung) verbunden.

► Senkung des Leitzinssatzes:

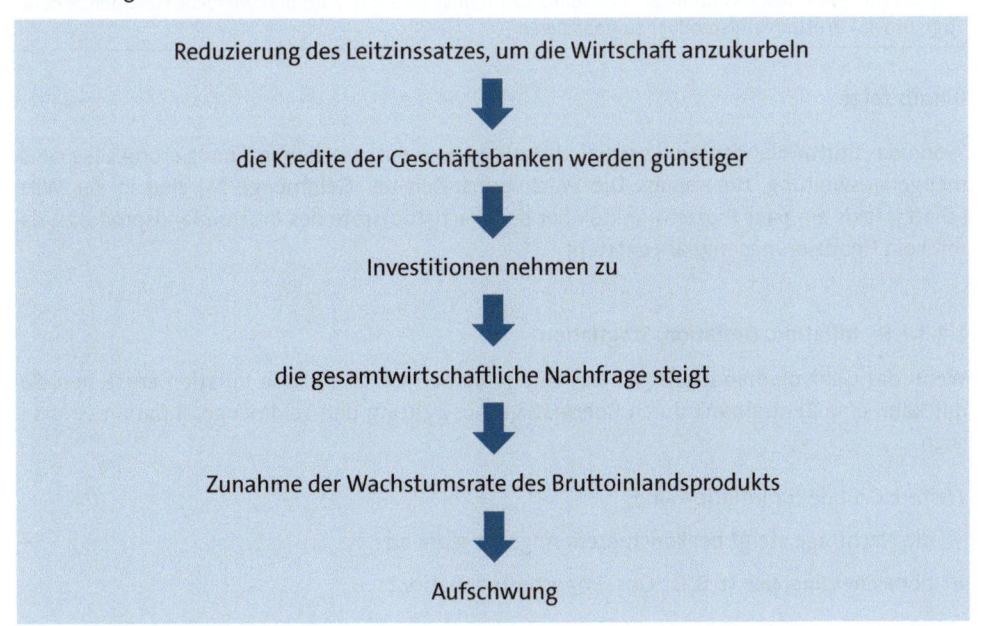

Reduzierung des Leitzinssatzes, um die Wirtschaft anzukurbeln
⬇
die Kredite der Geschäftsbanken werden günstiger
⬇
Investitionen nehmen zu
⬇
die gesamtwirtschaftliche Nachfrage steigt
⬇
Zunahme der Wachstumsrate des Bruttoinlandsprodukts
⬇
Aufschwung

Der Leitzinssatz hat Wirkungen auf Unternehmen, private Haushalte, den Staat und das Ausland (Kapitalexporte, Kapitalimporte). Die Baubranche sowie die Immobilienbranche sind stark von Zinssatzvariationen abhängig.

1.4.3.1.4 Steuerung der Geldmenge

Quantitätsgleichung

Die Europäische Zentralbank steuert die Geldmenge mit der Quantitätsgleichung (Fishersche Verkehrsgleichung).

Quantitätsgleichung:[1]

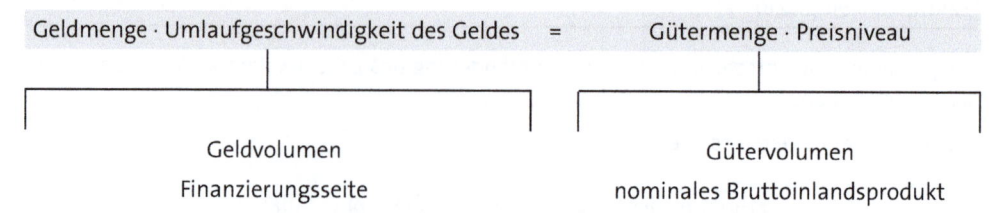

Geldmenge · Umlaufgeschwindigkeit des Geldes	=	Gütermenge · Preisniveau
Geldvolumen		Gütervolumen
Finanzierungsseite		nominales Bruttoinlandsprodukt

Geldmengen

Die Geldmenge wird von der EZB in drei Gruppen eingeteilt:[2]

M1	Bargeldumlauf plus täglich fällige Einlagen der im Währungsgebiet ansässigen Nichtbanken
M2	M1 plus Einlagen der inländischen Nichtbanken mit vereinbarter Laufzeit von bis zu zwei Jahren und mit vereinbarter Kündigungsfrist von bis zu drei Monaten
M3	Geldmarktfondsanteile und Schuldverschreibungen mit einer Laufzeit von bis zu zwei Jahren
	Die Geldmenge M3 ist die wichtige Größe für die Steuerung der Geldmenge.

$$\text{Umlaufgeschwindigkeit des Geldes} = \frac{\text{Gütervolumen}}{\text{Geldmenge}}$$

BEISPIEL

Wenn eine „Umlaufgeschwindigkeit des Geldes" von 2 angenommen wird, dann kann die Formel umgestellt werden.

Umlaufgeschwindigkeit des Geldes · Geldmenge = Gütervolumen

2 · Geldmenge = Gütervolumen

Da das Gütervolumen das nominale Bruttoinlandsprodukt darstellt, wird die zweifache Geldmenge benötigt, um das Bruttoinlandsprodukt zu finanzieren.

Daraus folgt:

Wenn das Bruttoinlandsprodukt steigt, dann wird eine entsprechende Finanzierung, also Geldmengenausweitung, notwendig. Die Wachstumsraten der Geldmenge M_3 sind in der Wirtschaftspraxis ein paar Prozentpunkte über der Wachstumsrate des Bruttoinlandsprodukts, damit kein Finanzierungsengpass entsteht.

1.4.3.1.5 Inflation, Deflation, Stagflation

Inflation

Wenn das Geldvolumen größer als das Gütervolumen ist, dann kann Inflation entstehen. Somit kann eine Zentralbank durch übermäßige Ausweitung der Geldmenge, Inflation verursachen.

Weitere Gründe für Inflation sind:

- die Nachfrage steigt bei konstantem Angebot stark an
- hohe Energiepreise (z. B. Öl, Gas: importierte Inflation)

---

[1] DIHK-Gesellschaft für berufliche Bildung, Formelsammlung 2022, S. 10.
[2] Vgl. Deutsche Bundesbank, https://www.bundesbank.de/dynamic/action/de/startseite/glossar/723820/glossar?firstLetter=G&contentId=652346#anchor-652346, Abruf 24.11.2023.

- Lohn- und Gehaltssteigerungen, wenn sie größer als die Arbeitsproduktivität sind
- Umsatzsteuererhöhungen durch den Staat, da das Statistische Bundesamt die Endverbraucherpreise misst
- durch Monopole oder enge Oligopole (z. B. Rohstoffe: seltene Erden) wird der Preis erhöht.

Ausgewählte Vor- und Nachteile von Inflation:

Vorteile	Nachteile
reale Verbindlichkeiten für Kreditnehmer sinken	reduzierte Kaufkraft des Einkommens
Staat hat höhere Steuereinnahmen	Rentner erhalten real weniger Rente

WICHTIG

Wann sollte ein potenzieller Käufer bei Inflation ein Gut erwerben? Heute, weil morgen das Gut aufgrund der Preissteigerung teurer ist.

Im Gegensatz zur Inflation liegen bei der Deflation keine Preissteigerungen vor, sondern **sinkende Preise**.

WICHTIG

Wann erwirbt ein potenzieller Käufer bei Deflation ein Gut? Morgen, weil der Preis des Gutes sinkt.

Folgen einer Deflation: Es entwickelt sich eine Abwärtsspirale.

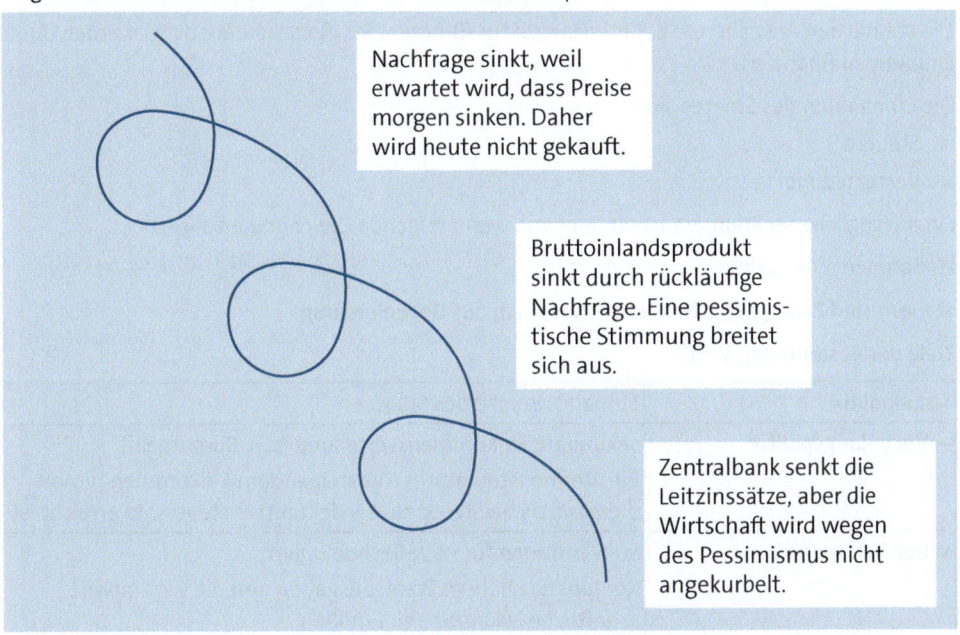

Nachfrage sinkt, weil erwartet wird, dass Preise morgen sinken. Daher wird heute nicht gekauft.

Bruttoinlandsprodukt sinkt durch rückläufige Nachfrage. Eine pessimistische Stimmung breitet sich aus.

Zentralbank senkt die Leitzinssätze, aber die Wirtschaft wird wegen des Pessimismus nicht angekurbelt.

Bei einem Leitzinssatz von Null kann die Zentralbank nicht weiter agieren, wenn die Investitionen nicht zunehmen. Die Unternehmen investieren nicht, weil pessimistische Absatzerwartungen aufgrund des Konsumrückgangs vorliegen. Eine Deflation ist gefährlicher als eine Inflation, da die Zentralbank kaum ein Instrument hierzu hat, während dies bei Inflation die Erhöhung der Leitzinssätze ist.

Bei einer →**Stagflation** stagniert die Wachstumsrate des Bruttoinlandsprodukts. Es liegt aber auch **Inflation** vor. Das Mittel gegen Inflation besteht darin, die Leitzinssätze zu erhöhen. Dadurch wird aber die Wachstumsrate des Bruttoinlandsprodukts nicht erhöht, weil die Investitionen eher rückläufig sein werden.

1. Volkswirtschaftliche Grundlagen

IM ÜBERBLICK

- Geld unterteilt sich in Bargeld (Münzen, Banknoten) und Buchgeld.
- Funktionen von Geld: Tauschmittelfunktion, Recheneinheit, Wertaufbewahrungsfunktion, gesetzliches Zahlungsmittel
- Es gibt eine primäre (Verkauf von Devisen, Gold an Zentralbank; Offenmarktgeschäfte) und sekundäre Geldschöpfung, die durch die Verbindung der Geschäftsbanken entsteht.
- Das Oberziel der Zentralbank: Preisniveaustabilität gewährleisten
- Aufgaben der Zentralbank: Bestimmung der Geldpolitik durch Variation des Leitzinssatzes, funktionierendes Zahlungssystem ermöglichen, die Wirtschaftspolitik der Euro-Teilnehmerländer unterstützen
- Zentrales Instrument der Europäischen Zentralbank ist das Hauptrefinanzierungsgeschäft mit Mengentender oder Zinstender.
- Erhöhung des Leitzinssatzes führt zu einem reduzierten Wirtschaftswachstum, während eine Senkung des Leitzinssatzes ein Wirtschaftswachstum fördern kann.
- Die Steuerung der Geldmenge erfolgt über die Quantitätsgleichung. Die Geldmenge wird etwas mehr als die Gütermenge ausgedehnt, damit kein Finanzierungsengpass in der Volkswirtschaft entsteht.
- Inflation entsteht durch hohe Energiepreise, durch Lohnsteigerungen, welche die Arbeitsproduktivität übersteigen oder Umsatzsteuererhöhungen. Inflation ist nachteilig für die Bezieher von konstanten Einkommen (Rente), aber ein Vorteil für die Schuldner, weil sich die realen Verbindlichkeiten reduzieren.
- Bei einer Deflation sinken die Preise und die Zentralbank kann bei einem Zinssatz von Null kein Impuls mehr geben.
- Stagflation: Stagnation des Bruttoinlandsprodukts und Inflation.

1.4.3.2 Finanzpolitik

Die staatlichen Ausgaben, z. B. für Infrastruktur (Brücken, Straßen, Schulen usw.) werden durch Einnahmen finanziert.

Die Einnahmen des Staates sind:

- Steuern
- Verschuldung.

Ein ausgeglichener Staatshaushalt liegt vor, wenn folgende Gleichung erfüllt ist.

Einnahmen = Ausgaben

Steuern **Steuern sind Zwangsabgaben, ohne Anspruch auf Gegenleistung.**

Ziele der Besteuerung sind:[1]

Fiskalpolitik	Einnahmequelle des Staates
→Verteilungspolitik	sekundäre Einkommensverteilung (z. B. Bürgergeld)
	Einkommensteuertarif: Mit steigendem Einkommen nimmt die zusätzliche Steuer zu, bis der Spitzensteuersatz erreicht ist.
Wirtschaftspolitik	Subventionen für neue Technologien
	Konjunktur: höhere Staatsausgaben, um die gesamtwirtschaftliche Nachfrage zu erhöhen

Steuerklassifikationen:[2]

Einkommensentstehung	Einkommensteuer
Einkommensverwendung	Umsatzsteuer
Vermögenssubstanz	Grundsteuer
Änderung des Vermögens	Schenkungs- und Erbschaftssteuer

---

1 Vgl. Stobbe, Thomas, Steuern kompakt, 15. Auflage, Verlag Wissenschaft & Praxis, 2017, S. 20.
2 Vgl. Stobbe, Thomas, Steuern kompakt, 15. Auflage, Verlag Wissenschaft & Praxis, 2017, S. 53.

1.4 Konjunktur und Wirtschaftswachstum

Darüber hinaus unterscheidet man zwischen **Gemeinde-, Landes- und Bundessteuer**:

	Beispiele
Gemeindesteuer	Gewerbesteuer, Hundesteuer
Landessteuer	Grunderwerbssteuer, Erbschafts- und Schenkungssteuer
Bundessteuer	Versicherungssteuer, Mineralölsteuer

Zudem gibt es **direkte** und **indirekte** Steuern:

direkte Steuer	Einkommensteuer, da der Steuerschuldner als natürliche oder juristische Person die Steuern direkt an das Finanzamt zahlen muss.
indirekte Steuer	z. B. Biersteuer: Der Konsument zahlt den Bierpreis inklusive der Biersteuer. Die Biersteuer wird jedoch von der Brauerei an den Staat abgeführt, sodass der Konsument der Steuerträger (wird durch die Steuer belastet) ist und die Brauerei der Steuerzahler ist.

Wenn die Steuerlast in einer Volkswirtschaft von den Wirtschaftssubjekten als zu hoch empfunden wird, dann entsteht Schwarzarbeit, Kapitalflucht ins Ausland (Steueroasen) oder Steuervermeidung.

Ein Staat kann sich beispielsweise verschulden durch: *Staatsverschuldung*

- Anleihen
- Auslandsverschuldung.

Der Staat gibt Anleihen aus, welche die eigenen Bürger kaufen. Somit fließt innerhalb der Volkswirtschaft das Geld von den eigenen Bürgern zum Staat.

Bei der Auslandsverschuldung (bei anderen Ländern) machen sich die Empfängerländer des Kredits abhängig von den Kreditgeberländern.

In Deutschland gilt die „→**Schuldenbremse**" (Art. 109, 115 GG). Die zusätzliche Staatsverschuldung darf 0,35 % des nominalen Bruttoinlandsprodukts nicht übersteigen.

Vor- und Nachteil der **Schuldenbremse** sind:

Vorteile	Nachteile
Begrenzung der Schulden	Für Zukunftsprojekte kann der Staat keine weiteren Ausgaben tätigen.
Nachfolgende Generationen werden nicht so stark mit dem Kapitaldienst (Zinsen, Tilgung) belastet.	Der Staat kann nur begrenzt die Konjunktur ankurbeln.

Weitere Argumente zu den **Grenzen** der (hohen) **Staatsverschuldung:**

- Einhaltung der Maastricht-Kriterien:

$$\text{Schuldenstandsquote} = \frac{\text{Schuldenstand}}{\text{Bruttoinlandsprodukt}} \cdot 100 \leq 60\,\%$$

$$\text{Maastricht-Defizitgrenze} = \frac{\text{zusätzliche Verschuldung}}{\text{Bruttoinlandsprodukt}} \cdot 100 \leq 3\,\%$$

- Wenn die Staatsverschuldung hoch ist, dann sind die Ausgabenspielräume stark eingeschränkt.
- Hohe Staatsverschuldung führt zu einer Abstufung bei den Länderratings. Dies führt zu höheren Zinssätzen.

Die gesamtwirtschaftliche Nachfrage setzt sich aus den Größen privater Konsum, Investitionen, Staatsausgaben und Außenbeitrag (Exporte – Importe) zusammen. *antizyklische Wirtschaftspolitik*

Wenn beispielsweise in einer Volkswirtschaft der Konsum und die Investitionen sinken, weil die Verbraucher pessimistische Erwartungen haben, dann kann die gesamtwirtschaftliche Nachfrage durch zusätzliche Staatsausgaben stabilisiert werden. Der Staat vergibt z. B. Aufträge zum Bau von Brücken, Straßen usw. Hierbei handelt es sich um eine antizyklische Wirtschaftspolitik. Das Problem besteht häufig darin, dass die Planung von Brücken, Straßen usw. mehrere Jahre beanspruchen. So kann es vorkommen, dass die Konjunktur wieder anzieht, wenn die Infrastrukturprojekte realisiert werden und eine Überhitzung der Wirtschaft die Folge ist.

> gesamtwirtschaftliche Nachfrage = Konsum + Investition + **Staatsausgaben** + Exporte – Importe

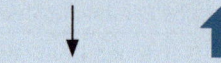

IM ÜBERBLICK

- ▶ Ein ausgeglichener Staatshaushalt liegt vor, wenn die Einnahmen gleich den Ausgaben sind.
- ▶ Die Einnahmen bestehen aus Steuern und Staatsverschuldung.
- ▶ Es gibt verschiedene Steuerarten: z. B. Gemeinde-, Landes- und Bundessteuer, direkte und indirekte Steuern
- ▶ Grenzen der (hohen) Staatsverschuldung sind z. B.: Belastung zukünftiger Generationen, Maastricht-Kriterien zu den Staatsschulden
- ▶ Der Staat kann die Ausgaben erhöhen, um mit der „antizyklischen Wirtschaftspolitik" die Konjunktur anzukurbeln.

1.4.3.3 Wachstumspolitik

Voraussetzungen für Wirtschaftswachstum

Eine Volkswirtschaft wächst, wenn die Wachstumsrate des realen Bruttoinlandsprodukts zunimmt. Die Voraussetzungen für Wachstum sind vielfältig und hängen von mehreren Faktoren ab, die nachfolgend exemplarisch dargelegt werden.

Einflussfaktoren für Wachstum	Erläuterung
Produktionsfaktor Arbeit	Die **Zahl der Erwerbstätigen** kann ein höheres Bruttoinlandsprodukt bewirken, da durch mehr Einkommen der Konsum und die Investitionen zunehmen. Nicht nur die Quantität, sondern auch die Qualität des Faktors Arbeit ist entscheidend. Das **Humankapital** (Arbeitskräfte) sollte durch ein hochwertiges **Bildungssystem** entwickelt werden.
Produktionsfaktor Kapital	Die Ausstattung einer Volkswirtschaft mit **Sachkapital** (Maschinen z. B.) und/oder **Geldkapital** ist elementar, um Wachstum zu erzeugen.
Produktionsfaktor Boden	Die Gewinnung von Bodenschätzen kann für eine Volkswirtschaft zu Wachstum führen (z. B. Öl, Gas, seltene Erden usw.).
Rolle des Staates	Der Staat kann Wachstum durch **Subventionen** für Zukunftstechnologien fördern. Dabei kann der **technische Fortschritt** (z. B. Energie, IT) zu einer Wachstumserhöhung beitragen, weil durch den technischen Fortschritt ein Unterschied zu anderen Ländern entsteht. **Geringe Steuersätze** (z. B. Umsatzsteuer, Einkommensteuer) können den Konsum beleben.
Zentralbank	Bei **niedrigen Leitzinsen** können zusätzliche Investitionen, Arbeitsplätze und Einkommen entstehen.

Einflussfaktoren für Wachstum	Erläuterung
Internationaler Handel	Wachstum kann durch **Exporte** ermöglicht werden. Das setzt internationale Kontakte der Unternehmen und auch der Regierung voraus.
Politik	Ein **stabiles politisches System** ist eine Wachstumsvoraussetzung.

Die Förderung von Wachstum kann Arbeitsplätze und zusätzliches Einkommen in einer Volkswirtschaft schaffen, was wiederum die politische Stabilität gewährleistet. Auf der anderen Seite werden durch Wachstum die endlichen Ressourcen zunehmend „ausgebeutet" sowie die Umwelt (z. B. Müllberge, Elektroschrott) beeinträchtigt.

IM ÜBERBLICK
▶ Wachstum wird durch ein Geflecht von mehreren Einflussfaktoren begünstigt.
▶ Durch Wachstum können Arbeitsplätze und Einkommen erzeugt werden, jedoch wird auch die Umwelt beeinträchtigt.

1.4.3.4 Tarifpolitik

Nach Art. 9 Abs. 3 Grundgesetz herrscht **Tarifautonomie**. Die Tarifpartner (Arbeitgeberverbände, Gewerkschaften) können ohne Staat einen Tarifabschluss vereinbaren.

Tarifautonomie

Ein Teil des Tarifvertrags betrifft die Lohnabschlüsse, deren Höhe sich nach der Arbeitsproduktivität orientieren. Die Lohnstückkosten sind für Tarifverhandlungen eine wichtige Größe.

Lohnabschlüsse

$$\text{Lohnstückkosten} = \frac{\text{Lohnkosten Arbeitnehmer}}{\text{Produktivität je Erwerbstätigen}}$$

Die „Produktivität je Erwerbstätigen" kann mit folgender Formel ermittelt werden:

$$\frac{\text{Arbeitsproduktivität pro Arbeitsstunden bzw. pro Erwerbstätigen}}{} = \frac{\text{reales Bruttoinlandsprodukt bzw. reale Bruttowertschöpfung}}{\text{Arbeitsstunden bzw. Erwerbstätige}}$$

Löhne (oder Gehälter) sind Kosten für den Arbeitgeber und Einkommen (Kaufkraft) für die Beschäftigten.

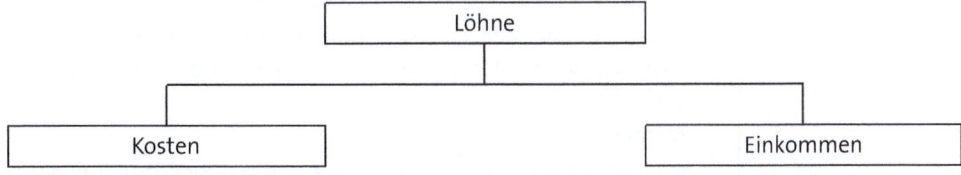

```
              Löhne
             /     \
         Kosten   Einkommen
```

Eine produktivitätsorientierte Lohnpolitik bedeutet, dass der Zuwachs der Lohnkosten der Arbeitnehmer (Zähler bei Formel Lohnstückkosten) die Arbeitsproduktivität (Nenner bei Formel Lohnstückkosten) nicht übertreffen sollte, da die Kosten für den Arbeitgeber höher als die Leistungen der Mitarbeiter sind. Dies könnte zur Folge haben, dass

▶ Arbeitsplätze ins Ausland verlagert werden und/oder
▶ weitere Rationalisierungen stattfinden.

IM ÜBERBLICK
▶ Nach dem Grundgesetz gibt es Tarifautonomie. Arbeitgeber- und Arbeitnehmerverbände schließen ohne den Staat einen Tarifvertrag ab.
▶ Die Lohnstückkosten sind eine wichtige Größe bei Tarifverhandlungen.
▶ Die Steigerung der Lohnkosten sollte nicht größer sein als die Produktivität je Arbeitsstunde oder Erwerbstätigen, weil der Arbeitgeber ansonsten pro eingesetzten Beschäftigten einen Verlust macht und Arbeitsplätze verloren gehen können.

1.4.3.5 Arbeitsmarktpolitik

Der Arbeitsmarkt besteht aus dem **Arbeitsangebot (Arbeitnehmer)** und der **Arbeitsnachfrage (Unternehmer)**.

Entstehung von Arbeitslosigkeit

Wenn beim Lohnniveau w_1 Arbeit von den Arbeitnehmern in Höhe von L_1 angeboten und von den Arbeitgebern Arbeit mit L_2-Mengeneinheiten nachgefragt wird, dann entsteht Arbeitslosigkeit.

Arbeitslosigkeit = $L_1 - L_2$

Abb. 1.23: Arbeitsmarkt

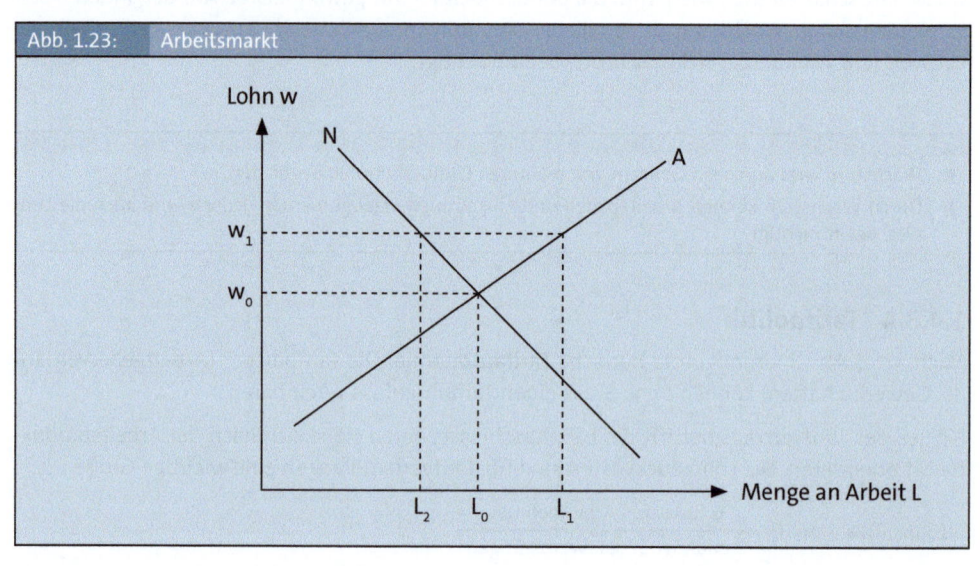

Abbau von Arbeitslosigkeit

Die Arbeitsmarktpolitik hat zum Ziel, Arbeitslosigkeit abzubauen und ein Gleichgewicht auf dem Arbeitsmarkt (näherungsweise) zu erreichen. Dazu wird eine aktive und passive Arbeitsmarktpolitik eingesetzt:

aktive Arbeitsmarktpolitik	▶ Fort- und Weiterbildungen ▶ Berufsberatung und Arbeitsvermittlung der Bundesagentur für Arbeit, um den Mismatch (Nichtübereinstimmung) zwischen Arbeitsangebot und Arbeitsnachfrage abzubauen **Beispiel 1**: Offene Stellen und Arbeitssuchende In einer Region gibt es ein hohes Arbeitsangebot, aber keine Arbeitsnachfrage, jedoch in einer anderen Region wäre die Arbeitsnachfrage vorhanden. Es geht um die Mobilität der Arbeitssuchenden. **Beispiel 2**: In einem Wirtschaftssektor werden aufgrund eines Strukturwandels (Abbau Kohlebergbau) Arbeitskräfte freigesetzt, während im IT-Bereich Arbeitskräfte gesucht werden. Ziel ist es, Arbeitskräfte in den Erwerbsprozess zu integrieren.
passive Arbeitsmarktpolitik	Lohnersatzleistungen: Arbeitslosengeld, Kurzarbeitergeld

IM ÜBERBLICK

▶ Aktive Arbeitsmarktpolitik hat das Ziel, den Angebotsüberhang auf dem Arbeitsmarkt (Arbeitslosigkeit) durch Maßnahmen, wie z. B. Fort- und Weiterbildungen, Beratungs- und Vermittlungstätigkeit der Bundesagentur für Arbeit, abzubauen.

▶ Passive Arbeitsmarktpolitik beinhaltet das durch Arbeitslosigkeit entfallene Einkommen, z. B. durch Arbeitslosengeld, zu ersetzen.

1.4.3.6 Umweltpolitik

Aufgrund der wirtschaftlichen Aktivitäten entstehen Schäden an der Umwelt (z. B. Klimaerwärmung). Die Ziele der Umweltpolitik bestehen im

> Vermeiden
>> Vermindern
>>> Beseitigen

von Umweltschäden.

Ziele der Umweltpolitik

Der Staat kann durch verschiedene Maßnahmen Umweltpolitik betreiben, um die umweltschädliche Produktion und den Verbrauch zu reduzieren.

Instrumente der Umweltpolitik

Instrument der Umweltpolitik	Erläuterung
Besteuerung	Der Staat erhebt eine Steuer für den Verbrauch von Erdgas, Heizöl, Benzin oder Diesel. Der durch die Steuer **höhere Preis** soll zu einer Reduktion der Nachfrage für fossile Brennstoffe führen.
Europäischer Emissionshandel (Cap and Trade)	Die Europäische Union setzt für Treibhausgas-Emissionen eine Obergrenze (**Cap**) fest. Zudem vergibt sie Berechtigungen (kostenlos oder durch Versteigerung) zum Ausstoß von Treibhausgas-Emissionen für die energieintensive Industrie, die Energiewirtschaft, den innereuropäischen Luftverkehr und den Seeverkehr.[1] Unternehmen, die in den Umweltschutz investieren, brauchen die Berechtigungen nicht. Daher bieten derartige Unternehmen am Markt Umweltzertifikate an. Andererseits benötigen Unternehmen derartige Zertifikate, die nicht in den Umweltschutz investieren. Sie sind die Nachfrager nach CO_2-Zertifikaten. Durch Angebot und Nachfrage (Trade) bildet sich am Markt ein Preis für eine Tonne CO_2, der zu vermindertem CO_2-Ausstoß führen soll.
Umweltgesetze	Durch entsprechende Gesetze sollen Umweltschäden minimiert werden. Beispiele: Bundes-Immissionsschutzgesetz, Chemikaliengesetz, Kreislaufwirtschaft, Wasserhaushaltsgesetz Das Umweltrecht unterscheidet zwischen Vorsorgeprinzip, Verursacherprinzip and Kooperationsprinzip:[2] ▶ Vorsorgeprinzip: Frühzeitiges Vermeiden von Umweltschäden, z. B. Entwickeln von recyclingfähigen Produkten, Reparaturfähigkeit von Elektrogeräten ▶ Verursacherprinzip: Umweltschäden müssen von demjenigen beseitigt oder bezahlt werden, der als Verursacher identifizierbar ist, was in der Praxis häufig aufgrund des Schadstoff-Mixes schwierig ist ▶ Kooperationsprinzip: z. B. freiwillige Selbstverpflichtung einer Branche, z. B. Automobilbranche, den CO_2-Ausstoß der Pkw zu reduzieren.
politische Aktionsprogramme	Die Europäische Union hat das Ziel, ein klimaneutrales Europa bis 2050 z. B. durch einen „Green Deal" zu schaffen.[3] ▶ Reduktion der CO_2-Emissionen in vielen Wirtschaftssektoren ▶ Emissionsfreie Personenkraftwagen ▶ Ausbau der Wind- und Sonnenenergie

---

1 Vgl. Umweltbundesamt, Der Europäische Emissionshandel, https://www.umweltbundesamt.de/daten/klima/der-europaeische-emissionshandel#teilnehmer-prinzip-und-umsetzung-des-europaischen-emissionshandels, Abruf 30.11.2023.
2 Vgl. Juraforum, https://www.juraforum.de/lexikon/umweltschutz-prinzipien-des-umweltrechts, Abruf 30.11.2023.
3 Vgl Europäische Kommission, Green Deal, https://commission.europa.eu/strategy-and-policy/priorities-2019-2024/european-green-deal/delivering-european-green-deal_de, Abruf 30.11.2023.

1. Volkswirtschaftliche Grundlagen

HINWEIS

EMISSION UND IMMISSION

Emission	Ausstoß von Stoffen, z. B. durch Produktion oder privaten Verbrauch, an die Umwelt **Beispiel:** Ein Pkw stößt z. B. CO_2, Stickoxide aus.
Immission	Die emittierten Stoffe wirken auf den Menschen (z. B. Einatmung), auf Gebäude, Tiere, Natur (z. B. saurer Regen) usw. Sie können körperliche Reaktionen, auch Krankheiten, verursachen.

MERKE – IM ÜBERBLICK

▶ Der Staat kann Umweltpolitik betreiben durch
  – Besteuerung des Verbrauchs von fossilen Brennstoffen
  – den Emissionshandel
  – Umweltgesetze
  – politische Aktionsprogramme.
▶ Emission: Ausstoß von Stoffen an die Umwelt
▶ Immission: Wirkung der Emission auf den Menschen, Gebäude, Tiere, Umwelt

1.4.3.7 Nachfrage- und angebotsorientierte Wirtschaftspolitik

Angebots- versus Nachfrageorientierung

Die Merkmale und Unterschiede der nachfrage- und angebotsorientierten Wirtschaftspolitik werden in nachfolgender Tabelle dargelegt:

Kriterien	nachfrageorientierte Wirtschaftspolitik	angebotsorientierte Wirtschaftspolitik
prominenter Vertreter	John Maynard Keynes, begründete den Keynesianismus aufgrund der Erfahrungen der Weltwirtschaftskrise ab 1929	Milton Friedman, Nobelpreis Wirtschaftswissenschaften 1976
Auffassung	Märkte sind „inhärent" (innewohnend) instabil	Märkte sind stabil; Theoriegrundlage: Neoklassik
Forderung	**mehr Staat, weniger Markt**	**mehr Markt, weniger Staat**
Ausprägung	Deficit Spending: Staat greift in die Wirtschaft ein, um die Nachteile der marktorientierten Steuerung auszugleichen, tendenziell höhere Staatsverschuldung; mehr Bürokratie; Betonung der Sozialpolitik	geringe Staatsverschuldung, ausgeglichener Staatshaushalt, Innovationsförderung, Unterstützung der Unternehmen durch attraktives Steuersystem, mehr Wettbewerb und mehr Angebot mit Wahlfreiheit; weniger Bürokratie; mehr Effizienz durch Anwendung des Rationalprinzips
Ziel	stabile Wirtschaft, Einkommenssicherung	erhöhte Investitionstätigkeit, Wachstum

In der Wirtschaftspraxis besteht meist eine Mischung aus angebots- und nachfrageorientierter Wirtschaftspolitik, die von der politischen Konstellation, aber auch von Krisensituationen (z. B. Finanzkrise 2008/2009, Corona) abhängig sein kann.

MERKE – IM ÜBERBLICK

▶ Nachfrageorientierte Wirtschaftspolitik: Mehr Staatsinterventionismus, weniger Markt
▶ Angebotsorientierte Wirtschaftspolitik: Weniger Staatseinfluss, mehr Markt

1.5 Außenwirtschaft

1.5.1 Freihandel und Protektionismus

Die Außenwirtschaft wird bei der gesamtwirtschaftlichen Nachfrage durch die Exporte und Importe abgebildet.

Gründe für den **Import** sind:

- Güter im Inland nicht verfügbar: Bananen, Gas, Öl
- Preisdifferenzen: Ausländische Güter günstiger als inländische

Gründe für den **Export** sind:

- Produktion übersteigt den inländischen Verbrauch: Überschuss wird auf den internationalen Märkten angeboten
- keine Abhängigkeit nur vom inländischen Markt

Ein „freier" Handel bedeutet, dass der Staat in den internationalen Handel **nicht** eingreift. Der →**Freihandel** basiert auf dem freien Spiel von Angebot und Nachfrage ohne Zölle oder Handelsbeschränkungen (Export- der Importverbote).

Freihandel

Der Freihandel bietet folgende Vorteile:

Vorteile	Erläuterung
mehr Güter verfügbar	Durch die Importe steigt die Gütermenge im Inland und die Nachfrager haben durch eine **größere Produktpalette** mehr **Wahlfreiheit**.
Wohlfahrt steigt	Die **Wohlfahrt (Bruttoinlandsprodukt)** nimmt **zu** aufgrund des (komparativen) Kostenvorteils, da eine teurere Produktion im Inland durch günstigere Importe ersetzt werden.
	Durch **Spezialisierung** kann ein Land geringere (relative) Kosten gegenüber einem anderen Land mit der gleichen Produktion haben. Das auf ein Produkt spezialisierte Land kann günstiger auf dem Weltmarkt anbieten, hat einen Wettbewerbsvorteil und setzt von dem spezialisierten Produkt mehr ab, als wenn das Land nicht exportieren würde und autark (ohne Außenhandel) bliebe. Dadurch steigen die Wohlfahrt und das Bruttoinlandsprodukt.
mehr Wettbewerb	Zum inländischen Wettbewerb kommt zusätzlich der ausländische Wettbewerb hinzu, sodass z. B. inländische Monopole an Einfluss verlieren können.
internationale Zusammenarbeit	Durch den internationalen Handel wird zunehmend Wissen ausgetauscht, sodass durch die Vernetzung Innovationen generiert werden, die zu einem Wohlfahrtsgewinn führen.

Protektionismus Beim →**Protektionismus** greift der Staat in den internationalen Handel durch folgende Maßnahmen ein:[1]

Zölle (tarifäre →Handelshemmnisse)	Durch Importzölle steigt der Preis für ein ausländisches Gut im Importland, sodass damit die heimische Wirtschaft geschützt wird (Schutzzoll).
	Exportzölle erhöhen den Preis des Exportgutes, sodass der Export schrumpft. Der Zweck besteht darin, dass z. B. Nahrungsmittel im Inland zur Versorgung der heimischen Bevölkerung bleiben.
nicht-tarifäre Handelshemmnisse	Export- und Importverbot
	Kontigentierungen (Beschränkungen der Export- und Importmengen)
	Administrative Handelshemmnisse (bürokratische Vorschriften, Normen, Standards)
Exportförderung	Ein Staat kann die Produkte durch Subventionen günstiger gestalten, sodass die Nachfrage auf dem Weltmarkt steigt. Durch Staatseinfluss können Anbieter anderer Länder verdrängt werden.
Dumping	Der Preis für Exportgüter liegt unter dem Preis des Gutes für den inländischen Markt. An dem niedrigeren Exportgutpreis kann ein Staat und/oder ein Unternehmen beteiligt sein.

1.5.2 Rolle der Wechselkurse

Der Wechselkurs stellt einen Relativpreis zwischen zwei Währungen dar. Ein nominaler Wechselkurs von 1,10 $/€ zeigt, dass man 1,10 US-Dollar für einen Euro erhält.

Es gibt verschiedene Wechselkurse:

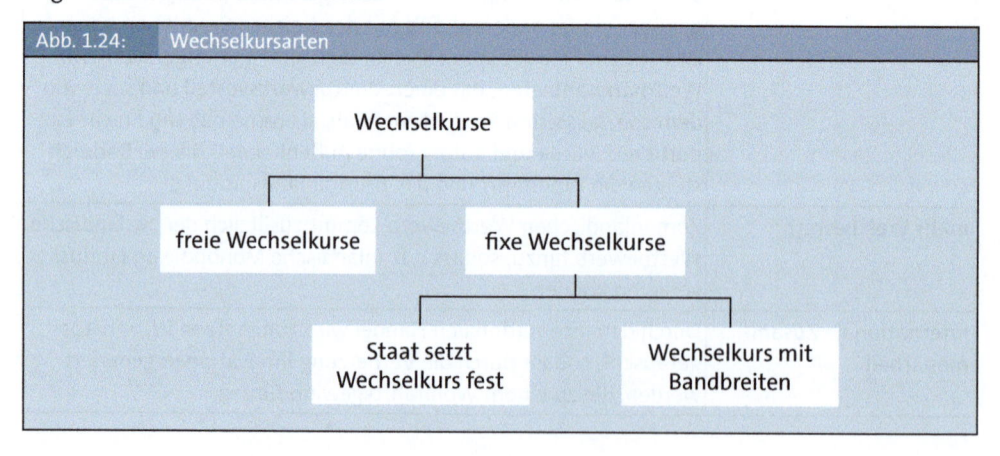

Abb. 1.24: Wechselkursarten

```
                    Wechselkurse
                   /            \
         freie Wechselkurse    fixe Wechselkurse
                               /            \
                      Staat setzt      Wechselkurs mit
                    Wechselkurs fest     Bandbreiten
```

freie Wechselkurse Freie Wechselkurse werden von Angebot und Nachfrage bestimmt. Auf einem Devisenmarkt können **Sorten** und **Devisen** gehandelt werden.

Sorten	Ausländische Banknoten und Münzen (Bargeld)
Devisen	Auf fremde Währung lautende Forderungen (Buchgeld)

---

[1] Vgl. Büter, Clemens, Außenhandel, 5. Auflage, SpringerGabler Verlag, 2020, S. 19–21.

1. **Aufwertung des Euros**: Der Wechselkurs, z. B. US-Dollar/Euro, steigt an.

   Vor der Aufwertung: 100 € Warenwert · 1,05 $/€ = 105 $ (Kosten für US-Importeur)
   Nach der Aufwertung: 100 € Warenwert · 1,10 $/€ = 110 $ (Kosten für US-Importeur)
   Folge: Exportpreise und die Kosten für den US-Importeur steigen, ausländische Nachfrage geht bei „normaler" Nachfragereaktion (Preis steigt, Nachfrage sinkt) zurück

   Die Nachfrageelastizität kann eine Rolle spielen, wie stark die Mengenreaktion durch die Preiserhöhung ausfällt.

   Einflussfaktoren, die zu einer Aufwertung des Euros führen:
   - steigende Güterexporte
   - Kapitalimporte, wenn im Inland ein höherer Zinssatz im Vergleich zum Ausland vorhanden ist

2. **Abwertung des Euros:** Der Wechselkurs (US-Dollar/Euro) sinkt

   Vor der Abwertung: 100 € Warenwert · 1,10 $/€ = 110 $ (Kosten für US-Importeur)
   Nach der Abwertung: 100 € Warenwert · 1,05$/€ = 105 $ (Kosten für US-Importeur)
   Folge: Die Exportgüter können günstiger im Ausland (hier USA) angeboten werden. Dadurch steigt die Nachfrage.

   Einflussfaktoren, die zu einer Abwertung des Euros führen:
   - sinkende Güterexporte
   - Kapitalexporte, wenn im Ausland ein höherer Zinssatz im Vergleich zum Inland vorliegt.

Bei einem festen Wechselkurs setzt der Staat den Wechselkurs fest.

Bei Einführung des Euros setzte der Staat den Umrechnungskurs zur Deutschen Mark fest:
1 € = 1,95583 DM

Feste Wechselkurse mit Bandbreiten:

Um dem Euro beizutreten, dürfen die Wechselkurse der Beitrittsländern mit einer Bandbreite von +/- 15 % zum Leitkurs für zwei Jahre maximal schwanken („→**Wechselkursmechanismus II**").

1.5.3 Besonderheiten der EU

1.5.3.1 Europäischer Binnenmarkt

Der europäische →**Binnenmarkt** orientiert sich an dem Bild des „vollkommenen Wettbewerbs", damit bei den Verbrauchern eine ausgeprägte Wahlfreiheit zu einem niedrigen Preis entsteht.

Im europäischen Binnenmarkt gibt es keine tarifären (Zölle) und keine nicht-tarifären Handelshemmnisse (z. B. Bürokratie). Damit soll der Warenhandel innerhalb des Binnenmarktes gefördert werden. Durch den Freihandel erhöhen sich die Einkommen. Der Binnenmarkt basiert auf den vier Freiheiten:[1]

freier Warenverkehr	Wegfall der Warengrenzkontrollen, Angleichung der Mehrwertsteuersätze
freier Personenverkehr	Arbeiten in einem anderen Land des Binnenmarktes möglich; Reisefreiheit; Anerkennung der Hochschulabschlüsse

---

1 Vgl. Bundesregierung, https://www.bundesregierung.de/breg-de/aktuelles/30-jahre-binnenmarkt-2161802, Abruf 01.12.2023.

freier Kapitalverkehr	Keine Beschränkungen im Zahlungsverkehr; keine Devisenkontrollen
freier Dienstleistungsverkehr	Dienstleistungsunternehmen (z. B. Banken, Versicherungen, Freiberufler) können im Binnenmarkt ihre Leistungen anbieten.

Der Binnenmarkt basiert auf einem funktionierenden Wettbewerb.

Vorteile des Binnenmarkts

Ausgewählte **Vorteile** des Binnenmarktes sind:[1]

- Keine Zölle, wenn Waren aus anderen EU-Binnenmarktländern importiert werden.
- Höheres Warenangebot und verstärkter Wettbewerb, der zu günstigeren Preisen für die Verbraucher führt.
- Die EU hat einen ähnlich großen Binnenmarkt wie in China und USA geschaffen, sodass der Einfluss auf dem Weltmarkt bedeutend bleibt.
- Es gibt viele einheitliche Normen und Standards, damit die Produktqualität und Produktsicherheit gewährleistet werden.
- Der Binnenmarkt sichert Deutschland Arbeitsplätze, da ein großer Teil der deutschen Waren in die EU-Länder exportiert werden.

1.5.3.2 Europäische Währungsunion

Viele EU-Länder traten der Europäischen Währungsunion bei. Sie verpflichteten sich, als gesetzliches Zahlungsmittel den Euro zu verwenden. Der Beitritt zur Euro-Währungsunion erfordert die Erfüllung der Konvergenzkriterien. Dänemark hat die Möglichkeit, aber nicht die Verpflichtung bei Erfüllung der Konvergenzkriterien den Euro einzuführen („Opt-out-Klausel").[2]

Konvergenzkriterien

Konvergenzkriterien sind:

- *„Preisstabilität:*

  Die Inflationsrate darf nicht mehr als 1,5 Prozentpunkte über derjenigen der drei preisstabilsten Mitgliedsländer der Europäischen Union liegen.

- *Höhe der langfristigen Zinsen:*

  Die langfristigen Nominalzinssätze dürfen nicht mehr als zwei Prozentpunkte über den entsprechenden Zinssätzen der drei preisstabilsten Mitgliedsländer der Europäischen Union liegen.

- *Haushaltsdisziplin:*

  Das jährliche öffentliche Defizit sollte grundsätzlich nicht mehr als 3 %, der öffentliche Schuldenstand nicht mehr als 60 % des Bruttoinlandsprodukts betragen.

- *Wechselkursstabilität:*

  Der Beitrittskandidat muss mindestens zwei Jahre am Wechselkursmechanismus II" teilgenommen haben. Dabei darf der Wechselkurs der eigenen Währung nicht starken Schwankungen gegenüber dem Euro ausgesetzt gewesen sein." [3]

IM ÜBERBLICK

- Beim Freihandel im internationalen Rahmen greift der Staat nicht durch Zölle oder Export- und Importverbote ein.
- Der Freihandel stärkt den Wettbewerb und erhöht die Wohlfahrt der Länder, die Freihandel betreiben.

---

1 Vgl. Deutsche Bundesbank, https://www.bundesbank.de/de/bundesbank/eurosystem/europaeische-waehrungsunion/die-europaeische-waehrungsunion-604386, Abruf 01.12.2023.
2 Deutsche Bundesbank, https://www.bundesbank.de/de/bundesbank/eurosystem/europaeische-waehrungsunion/die-europaeische-waehrungsunion-604386, Abruf 01.12.2023.
3 Deutsche Bundesbank, https://www.bundesbank.de/de/bundesbank/eurosystem/europaeische-waehrungsunion/die-europaeische-waehrungsunion-604386, Abruf 01.12.2023.

- Protektionismus bedeutet, dass der Staat durch tarifäre (Zölle) und nicht-tarifäre Handelshemmnisse (z. B. Normen, Bürokratie) eingreift.
- Eine Abwertung des Euros führt zu einer Zunahme der Exporte, während eine Aufwertung des Euros die ausländische Nachfrage nach inländischen Gütern reduziert, falls eine „normale" Nachfragereaktion unterstellt wird.
- Der europäische Binnenmarkt basiert auf den vier Freiheiten: Freier Warenverkehr, freier Personenverkehr, freier Kapitalverkehr, freier Dienstleistungsverkehr.
- Um der europäischen Währungsunion beitreten zu können, müssen die Konvergenzkriterien erfüllt sein.

2. Betriebliche Funktionen und deren Zusammenwirken

2.1 Ziele und Aufgaben der betrieblichen Funktionen

Unternehmen können verschiedenartig organisiert werden. Eine traditionelle Form der Aufbauorganisation ist die „funktionale Organisation". Die Funktionsbereiche sind direkt der Unternehmensleitung unterstellt.

funktionale Aufbauorganisation

Nachfolgend werden wesentliche Vor- und Nachteile der funktionalen Organisation dargestellt.[1]

Vorteile	Nachteile
klare Abgrenzung von Aufgaben	Durch Arbeitsteilung entsteht ein Koordinations- und Kommunikationsaufwand.
hohe Spezialisierung in den einzelnen Funktionsbereichen	Durch Spezialisierung erfolgt eine Fokussierung auf den jeweiligen Funktionsbereich und der Blick auf das gesamte Unternehmen fehlt.
Effizienzsteigerung durch Zusammenfassung von Aufgaben in den jeweiligen Funktionen	Tendenz zu Konflikten zwischen den Funktionsbereichen und zu autoritärer Führung aufgrund des Liniensystems

Nachfolgend werden die Ziele und Aufgaben *gemäß dem DIHK-Rahmenplan* für folgende Funktionsbereiche erläutert:

- Produktion
- Logistik
- Absatz und Marketing
- Rechnungswesen
- Finanzierung und Investition
- Controlling
- Personal.

2.1.1 Produktion

Die Elementarfaktoren

- ausführende Arbeit
- Betriebsmittel (z. B. Maschinen) und
- Werkstoffe (Roh-, Hilfs- und Betriebsstoffe)

werden im Rahmen der Produktion mit dem Ziel eingesetzt und kombiniert, dass ein Output (Ware oder Dienstleistung) entsteht.

Input → Produktion → Output

Die Leistungserstellung erfolgt nach dem Rationalprinzip (Minimum- oder Maximumprinzip). Oberziele der Produktion sind:

- mit **hoher Qualität** Erzeugnisse herzustellen (Einsatz von Methoden des Qualitätsmanagements)
- zu **geringstmöglichen Kosten** (Automatisierung der Produktion) zu produzieren
- die **Nachhaltigkeit** (Umweltschutz, Recycling usw.) zu berücksichtigen.

---

[1] Vgl. Klimmer, Matthias, Unternehmensorganisation, 3. Auflage, NWB-Verlag, 2012, S. 54-55.

strategische und operative Produktionsplanung

Eine weitere Aufgabe des Funktionsbereichs Produktion besteht darin, eine strategische und operative Produktionsplanung zu etablieren.

strategische Produktionsplanung	
▶ langfristig, ca. vier bis fünf Jahre ▶ tendenziell qualitative Aspekte	▶ Welche Produkte sollen für welche Zielgruppe produziert werden? ▶ Wird auf Lager produziert oder nach Kundenaufträgen? ▶ Wie viele Produktvarianten soll es geben? ▶ Welche Produktionsverfahren werden eingesetzt? ▶ Personal: Stehen genügend qualifizierte Fachkräfte zur Verfügung? ▶ Betriebsmittel: Müssen neue Maschinen beschafft werden? ▶ Ist die Finanzierung der Produktion gesichert? ▶ Können zeitgemäße IT-Ansätze (z. B. Industrie 4.0) genutzt werden?
operative Produktionsplanung	
▶ kurzfristig: ein Jahr ▶ mehr quantitativ orientiert	▶ Wie viel Stück sollen innerhalb einer definierten Zeit produziert werden? ▶ minimale Kosten bei einer festgelegten Qualität ▶ Sind die Betriebsmittel optimal ausgelastet? ▶ Führt die Ablaufplanung (Arbeitsfolge) zur kürzesten Durchlaufzeit? ▶ Ist die Arbeitssicherheit gewährleistet? ▶ Wurde die optimale Losgröße bestimmt? ▶ Liegen Detailpläne für den Arbeitseinsatz, die Betriebsmittel und den Materialbedarf vor?

mengenbezogene Fertigungsverfahren

Die Organisation der Produktion kann nach den Kriterien „Anzahl der Erzeugnisse" und „Rüstkosten" erfolgen:

Einzelfertigung	▶ aufgrund von Kundenanfrage Losgröße 1 ▶ individuelle Leistungserstellung ▶ hohe Kosten, da meist nur ein Stück ▶ Umrüstkosten hoch **Beispiele**: Luxusyacht, Sondermaschinenbau
Serienfertigung	▶ nahezu gleichartige Produkte ▶ hohe Rüstkosten bei Serienwechsel **Beispiel**: Automobilindustrie
Sortenfertigung	▶ Erzeugnisse mit gleichem Grundstoff ▶ geringe Umrüstkosten **Beispiel**: Textilindustrie
Massenfertigung	▶ Produktion großer Mengen von gleichartigen Produkten ▶ hoher Automatisierungsgrad **Beispiel**: Schrauben

2.1 Ziele und Aufgaben der betrieblichen Funktionen

Die Organisation der Produktion nach den Kriterien „Transportwege, Einsatz von Arbeitskräften und Kapital sowie räumliche und zeitliche Koordination" stellt sich wie folgt dar:

ablaufbezogene Fertigungsverfahren

Werkstattfertigung	▶ Transportwege und -aufwand von einer Werkstatt zur anderen ▶ hohe Durchlaufzeit wegen Spezialisierung ▶ hohe Mitarbeiterqualifikation ▶ flexible Produktion ▶ mehrere Arbeitsplätze mit Maschinen
Fließfertigung	▶ hoher Investitionsaufwand für Produktionsausstattung ▶ Abläufe logisch geplant und standardisiert ▶ Monotonie für Mitarbeiter ▶ kurze Durchlaufgeschwindigkeit und optimierte Wege
Inselfertigung	▶ autonome Teams mit hoher Selbstverantwortlichkeit ▶ Job Rotation ▶ hohe Mitarbeitermotivation
Baustellenfertigung	▶ Leistungserstellung an unterschiedlichen Orten ▶ Transportaufwand zu verschiedenen Orten

Die **Produktionssteuerung** stellt einen weiteren wichtigen Faktor im Funktionsbereich Produktion dar.

Produktionssteuerung

Terminsteuerung	Mithilfe von Balken- und Netzplänen werden die Termine gesteuert.
Arbeitsverteilung	▶ Aufträge werden den Arbeitsprozessen zugeordnet. ▶ Make or Buy Entscheidung ▶ Outsourcing ins Ausland mit geringen Lohnkosten ▶ optimale Maschinenbelegung und Ermittlung des Maschinenstundensatzes
Produktionsüberwachung	Betriebsdatenerfassung (BDE) kontinuierlichen Verbesserungsprozess bei Soll-Ist-Abweichung einleiten
Produktionssicherung	Qualitätsmanagement: FMEA (**F**ailure-**M**ode-and-**E**ffect-**A**nalysis)
Kapazitätssteuerung	Ist die Kapazität ausgelastet oder können Aufträge noch bearbeitet werden (z. B. Belastungserhöhung)?
Materialsteuerung	▶ Teile aus dem Lager ▶ Just-in-time oder Just-in-sequence-Lieferungen

Im Rahmen der IT werden heutzutage Produktions-Planungs- und Steuerungssysteme (PPS) eingesetzt, die z. B. auch bei Engpässen unterstützen. Eine **Engpassregel** ist z. B., dass das Erzeugnis präferiert produziert wird, das den höchsten **relativen Deckungsbeitrag** hat.

Eine zentrale Frage für die Produktion besteht darin, den geeigneten Produktionsstandort zu finden. Zur Entscheidung kann eine Nutzwertanalyse verwendet werden.

Standortfaktoren

→**Standortfaktoren** für die Produktion sind:

quantitativ	► Lohn- und Gehaltskosten
	► Steuern
	► Grundstückspreise
qualitativ	► Infrastruktur
	► Arbeitskräfte
	Beispiel:
	BMW bringt die Arbeitskräfte mit Bussen zum Produktionsstandort Dingolfing
	► ökonomische, politische und rechtliche Situation im Land

2.1.2 Logistik

Der Logistikbegriff kommt aus dem militärischen Bereich und beinhaltet die Organisation des Nachschubs (Ziel der Logistik). Die Produktion eines produzierenden Unternehmens soll ausreichend mit Teilen versorgt werden. Dabei werden die „r's" berücksichtigt. Die Materialien oder Waren sollen

► zur richtigen Zeit

► am richtigen Ort

► mit der richtigen Qualität

► zum richtigen Preis und

► mit der richtigen Menge

bereitgestellt werden.

Lieferkette   Die nachfolgende Abbildung zeigt ein System von Flüssen, die in der Logistik relevant sind:

► Informationsfluss

► Materialfluss.

Abb. 2.1: Lieferkette

Lieferanten → Transport → Produzent → Transport → Kunde

(Informationsfluss, Materialfluss)

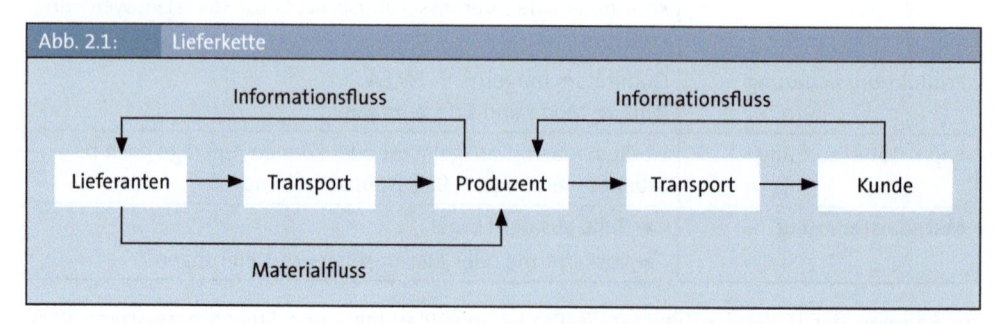

Bei Auftragsfertigung werden vom Kunden Informationen an den Produzenten übermittelt (meist IT), der die Produktion sowie den Materialbedarf plant und die Bestellungen (Informationsfluss) an seine Lieferanten weitergibt. Die Lieferanten nutzen die externe Transportlogistik (z. B. LKW, Schiff), um das Material dem Produzenten zu senden. Nach Produktion der für den Kunden bestimmten Teile wird wieder die externe Transportlogistik genutzt, um das Fertigerzeugnis (Produkt) dem Kunden zu liefern.

Beim Produzenten gibt es eine „interne Lieferkette", die aus dem Eingangslager Teile der Produktion mit internen Transportmitteln (z. B. Gabelstapler, Routenzug) zur Verfügung stellt. Mit jedem Produktionsschritt erhöht sich die Wertschöpfung, bis das Endprodukt erstellt wurde.

Es werden mehrere **Arten von Logistik** unterschieden:

Beschaffungslogistik	Welche Teile werden von welchen und wie vielen Lieferanten beschafft? Grundsätzlich kann eine Beschaffung ▶ auf Lager (Vorratsbeschaffung) ▶ durch Just-in-time oder ▶ fallweise bei Einzelfertigung erfolgen.
Transportlogistik	externe Transportlogistik: ▶ Bahn ▶ Flugzeug ▶ LKW ▶ Rohr (Gas, Öl, Wasser) ▶ Schiff interne Transportlogistik, z. B.: ▶ Aufzug ▶ Fahrerlose Transportsysteme ▶ Gabelstapler ▶ Routenzug
Produktionslogistik	Anordnung der Maschinen ist so zu gestalten, dass kurze Arbeitswege gegeben sind. Zudem sollten fehlerhafte Teile, Überproduktion und überflüssige interne Transporte vermieden werden.
Distributionslogistik	▶ Eigen- oder Fremdtransport ▶ Eigen- oder Fremdlager und wie viele Lager und an welchen Standorten mit welchen Kapazitäten? ▶ Ersatzteillogistik organisieren
Entsorgungslogistik	▶ Recycling ermöglichen ▶ Kreislaufwirtschafts- und Verpackungsgesetz beachten

Arten von Logistik

In der Logistik werden IT-Systeme eingesetzt, um die Informationsflüsse zu beschleunigen:

▶ Barcode
▶ EDI (Electronic Data Interchange)
▶ RFID (Radio Frequency Identification)
▶ GPS (Global Positioning System).

2.1.3 Absatz und Marketing

Der **Absatz** zeigt die **verkaufte Menge** von Gütern (Waren, Dienstleistungen, Rechte). Bei gleichen Preisen steigt der Umsatz (Menge mal Stückpreis), wenn der Absatz zunimmt. Die maximal absetzbare Menge an Gütern wird als **Marktpotenzial** bezeichnet. Das Marktpotenzial ist abhängig von

Absatz

▶ der Anzahl der Nachfrager
▶ der Marktsättigung und
▶ dem Budget des nachfragenden Unternehmens oder vom (realen) Einkommen der privaten Haushalte.

Um die Absatzchancen zu erhöhen, sollte das Unternehmen versuchen, einen **USP (Unique Selling Proposition = Alleinstellungsmerkmal)** zu entwickeln. Für das Marketing ist die Kenntnis der Marktform (Monopol, Oligopol, vollkommener Wettbewerb) relevant.

Marketing

strategisches und operatives Marketing

Es wird zwischen strategischem und operativem Marketing unterschieden:

strategisches Marketing	
Aufgrund der Unternehmensphilosophie und des Leitbildes des Unternehmens werden die strategischen Ziele aufgestellt, um die Marktbedingungen zu analysieren, damit die „Hebel" zur langfristigen Absatzsicherung gestellt werden können. Zeitraum: ca. vier bis fünf Jahre	strategische Ziele mit der SMART-Formel aufstellen: S = **S**pezifisch, M = **M**essbar, A = **A**ttraktiv, R = **R**ealistisch, T = **T**erminiert **Beispiel:** Die Reichweite von E-Cars soll in drei Jahren 800 km betragen. **Instrumente:** ▶ Delphi-Methode (Expertenbefragung) ▶ Five Forces von Porter (tatsächliche und potenzielle Wettbewerber, Ersatzprodukte, Verhandlungsmacht der Lieferanten und der Kunden) ▶ GAP-Analyse (Lücke zwischen prognostiziertem Umsatz und der Vorhersage des Basisumsatzes) ▶ Konkurrenzanalyse ▶ Marktforschung ▶ primär: Beobachtung, Interviews mit Kunden ▶ sekundär: Auswertung der Primärstudien von Marktforschungsinstituten, Statistischen Ämtern usw. ▶ →SWOT-Analyse ▶ Umfeldanalyse
operatives Marketing	
Aus den strategischen Zielen werden die Ziele für die 4 P´s abgeleitet. Zeitraum: ca. ein Jahr	Anwendung der 4 P´s: ▶ Product Policy (Produktpolitik: Nutzen für Kunden, Qualität, Verpackung) ▶ Price (Preispolitik: Hoch- oder Niedrigpreispolitik) ▶ Placement (Distributionspolitik: Werksverkauf, Händlernetz, Online-Shop, Franchising) ▶ Promotion (Kommunikationspolitik: Werbung, Public Relation) Instrumente: ▶ Deckungsbeitragsrechnung ▶ Break-Even-Rechnung ▶ Kennzahlen, z. B. Umsatz pro Auftrag

Die aufgestellten strategischen und operativen Marketingziele können durch ein Marketingcontrolling (Soll-Ist-Vergleich) überprüft werden und evtl. entsprechende Maßnahmen eingeleitet werden.

2.1.4 Rechnungswesen

Das Rechnungswesen erfasst, ordnet und wertet die monetären (geldlichen) Beträge verschiedener unternehmerischer Aktivitäten aus:

▶ der Beschaffung von z. B. Roh-, Hilfs- und Betriebsstoffen, Fremdbauteilen (Lieferantenrechnungen)

▶ der Produktion (Löhne, Gehälter, Verbrauch von Roh-, Hilfs- und Betriebsstoffen)

▶ dem Absatzbereich (Umsatz)

▶ aus Investitionstätigkeiten (Einkauf von Maschinen, Gebäuden, Fahrzeugen)

▶ der Finanzierung (Kreditaufnahme).

2.1 Ziele und Aufgaben der betrieblichen Funktionen

Das **Rechnungswesen** hat folgende **Aufgaben**:[1]

Aufgaben

Dokumentationsaufgabe	▶ Geschäftsfälle müssen zeitlich und sachlich geordnet aufgezeichnet werden. ▶ keine Buchung ohne Beleg.
Rechenschafts- und Informationsaufgabe	An der Bilanz sowie Gewinn- und Verlustrechnung, welche den Jahresabschluss bilden, haben verschiedene Gruppen (Stakeholder) Interesse: Kunden, Lieferanten, Finanzamt, Banken, Gewerkschaften, Politiker.
Kontrollfunktion	Die Daten aus der Buchführung sowie aus der Kosten- und Leistungsrechnung können anhand von Kennzahlen (z. B. Wirtschaftlichkeit = Ertrag/Aufwand) ausgewertet und verschiedene Schlüsse für unternehmerische Entscheidungen getroffen werden.
Planungsaufgabe	Aufgrund der Daten der Buchführung können Prognosen zur Umsatzentwicklung von Produkten sowie Investitions- und Finanzierungspläne entwickelt werden.

Das **Rechnungswesen** untergliedert sich in folgende **Bereiche**:[2]

Bereiche

Buchführung und Jahresabschluss	▶ **Buchführung**: anhand von Belegen die zeitliche und sachliche Erfassung von Geschäftsfällen (z. B. Einkauf und Verkauf von Waren), Dokumentation der Veränderung von Vermögen (Kauf eines Laptops) und Schulden (Aufnahme eines Kredits) ▶ **Jahresabschluss**: Am Ende eines Geschäftsjahres wird die Bilanz sowie die Gewinn- und Verlustrechnung aufgestellt.
Kosten- und Leistungsrechnung	▶ Erfassung der Kosten (betriebsbedingter Aufwand) und Leistungen (betriebsbedingter Ertrag) ▶ Ermittlung des Verkaufspreises durch Kalkulation ▶ Berechnung der Break-Even-Menge: Ab welcher Menge beginnt die Gewinnzone? ▶ Wirtschaftlichkeitsberechnungen ▶ Dokumentation des Verbrauchs von Produktionsfaktoren in den Kostenstellen
Statistik	▶ Bildung von Kennzahlen aus der Bilanz sowie der Gewinn- und Verlustrechnung ▶ Vergleich der Unternehmenskennzahlen mit Kennzahlen eines Branchenvergleichs
Planungsrechnung	Auf Basis der Daten der Buchführung und des Jahresabschlusses können z. B. ▶ Kapitalbedarfsplanungen ▶ Liquiditätsplanungen ▶ Personalbedarfsplanungen ▶ Investitionsplanungen usw. durchgeführt werden.

---

[1] Vgl. Schmolke, Siegfried/Deitermann, Manfred, Industrielles Rechnungswesen, 52. Auflage, 2023, S. 9-12.
[2] Vgl. Schmolke, Siegfried/Deitermann, Manfred, Industrielles Rechnungswesen, 52. Auflage, 2023, S. 9-12.

2.1.5 Finanzierung und Investition

Der betriebliche Leistungsprozess (Input, Produktion, Output) führt dazu, dass Auszahlungen und Einzahlungen stattfinden. Die Abb. 2.2 zeigt die Zusammenhänge.

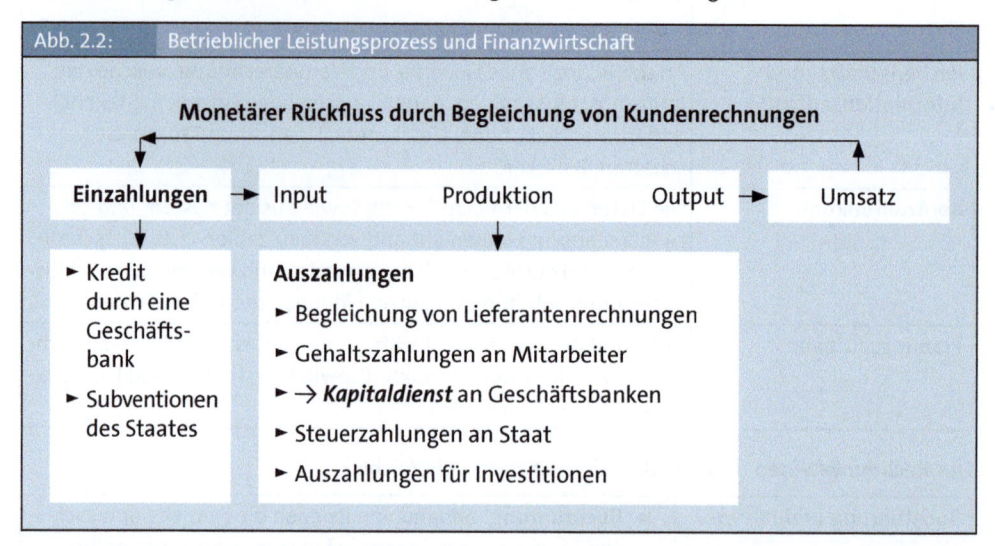

Abb. 2.2: Betrieblicher Leistungsprozess und Finanzwirtschaft

Monetärer Rückfluss durch Begleichung von Kundenrechnungen

Einzahlungen → Input → Produktion → Output → Umsatz

- Kredit durch eine Geschäftsbank
- Subventionen des Staates

Auszahlungen
- Begleichung von Lieferantenrechnungen
- Gehaltszahlungen an Mitarbeiter
- → *Kapitaldienst* an Geschäftsbanken
- Steuerzahlungen an Staat
- Auszahlungen für Investitionen

Der Zusammenhang von Finanzierung und Investition kann mit einer **Bilanz** verdeutlicht werden. Auf der Passivseite der Bilanz ist die Finanzierung und auf der Aktivseite die Investition abgebildet.

Aktiva	**Bilanz**	**Passiva**
Anlagevermögen	Eigenkapital	
Umlaufvermögen	Fremdkapital	
Seite der Mittelverwendung, **Investition**	Seite der Mittelherkunft, **Finanzierung**	

Finanzierung — Die Finanzierung kann über

- eigene Mittel (Eigenkapital) oder
- fremde Mittel (Fremdkapital)

erfolgen.

Die Summe der Finanzierungsmittel aus Eigen- und Fremdkapital kann z. B. zum Kauf von Anlagevermögen (LKW, Computer usw..) oder Umlaufvermögen (Roh-, Hilfs- und Betriebsstoffen) verwendet werden.

Die **Finanzierung über Eigenkapital und Fremdkapital** wird nachfolgend aufgezeigt.

Eigenkapital	Bei Einzelunternehmen legt der Inhaber aus dem Privatvermögen Geld- oder Sachkapital ein, während bei Personengesellschaften (OHG, KG) die Gesellschafter aus dem Privatvermögen Kapital dem Unternehmen zuführen.
	Bei einer GmbH müssen mindestens 25.000 € (Stammkapital) und bei einer AG 50.000 € (Grundkapital) Eigenkapital vorhanden sein, welches die GmbH-Gesellschafter bzw. die Aktionäre der AG einlegen.
Fremdkapital	Kurzfristige Kredite der Geschäftsbanken über den Kontokorrentkredit (Girokonto des Unternehmers)
	Mittel- bis langfristige Kredite (Darlehen) der Geschäftsbanken
	Verbindlichkeiten aus Lieferung und Leistung (Lieferantenkredit): Das Unternehmen muss die Lieferantenrechnung z. B. erst nach 30 Tagen begleichen, was ein Kredit vom Lieferanten ist.
	Rückstellungen: Pensionsrückstellungen (für Altersvorsorge der Beschäftigten), Steuerrückstellungen (z. B. für Gewerbesteuer) und sonstige Rückstellungen (z. B. für Prozess mit Kunden, Lieferanten) haben den Charakter eines kurzfristigen Kredits.

Darüber hinaus kann die Finanzierung in Außen- und Innenfinanzierung gegliedert werden.

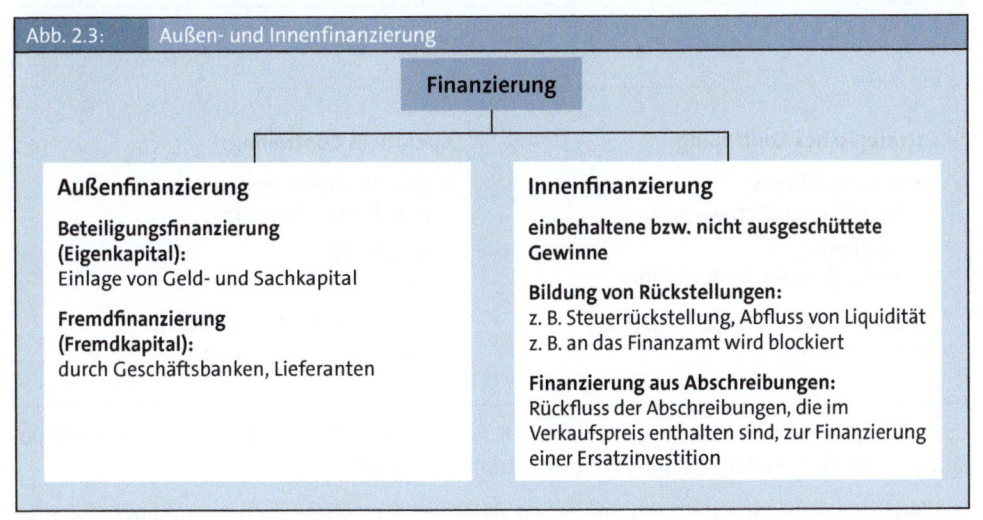

Abb. 2.3: Außen- und Innenfinanzierung

Finanzierung

Außenfinanzierung

Beteiligungsfinanzierung (Eigenkapital):
Einlage von Geld- und Sachkapital

Fremdfinanzierung (Fremdkapital):
durch Geschäftsbanken, Lieferanten

Innenfinanzierung

einbehaltene bzw. nicht ausgeschüttete Gewinne

Bildung von Rückstellungen:
z. B. Steuerrückstellung, Abfluss von Liquidität
z. B. an das Finanzamt wird blockiert

Finanzierung aus Abschreibungen:
Rückfluss der Abschreibungen, die im Verkaufspreis enthalten sind, zur Finanzierung einer Ersatzinvestition

Die Investitionen stellen die **Verwendung** der Finanzierungsmittel dar. Grundsätzlich sind folgende Arten an Investitionen möglich. — *Investition*

Objektorientierung	► Sachanlagen (Gebäude, Maschinen) ► Finanzinvestitionen (Beteiligung an anderen Unternehmen) ► immaterielle Investitionen (Patente, Lizenzen)
Zweckorientierung	► Gründungsinvestitionen (neues Unternehmen gründen) ► Erweiterungsinvestition (eine zusätzliche Maschine wird beschafft) ► Ersatzinvestition (eine alte wird durch eine neue Maschine ersetzt) ► Rationalisierungsinvestition (z. B. Robotereinsatz spart zwei Mitarbeiter)

Die Überprüfung der Wirtschaftlichkeit der Investitionen kann mit den statischen und dynamischen Investitionsrechnungen durchgeführt werden.

Statische Investitionsrechnung: Kostenvergleichsrechnung, Gewinnvergleichsrechnung, Amortisationsrechnung, Rentabilitätsrechnung

Dynamische Investitionsrechnung: Kapitalwertmethode, Annuitätenmethode, dynamische Investitionsrechnung

2.1.6 Controlling

Der Begriff „to control" bedeutet steuern. Die **Aufgaben** des →Controllings sind: — *Aufgaben*

→Planung	Erstellen von Soll-Werten, z. B. für den Umsatz (Soll-Umsatz)
Kontrolle	Soll-Ist-Vergleich durchführen. Der Controller stellt sich die Frage, warum entstand die Abweichung? Gründe könnten z. B. sein: Nachfragerückgang aufgrund veränderten Verbraucherverhaltens
Information	Der Controller erstellt einen Bericht (Report), in dem Tabellen, Abbildungen und ein Text die untersuchten Controllingsachverhalte verdeutlichen.
Steuern	Einleitung von Maßnahmen oder Projekten, um die Soll-Werte zu erreichen.

Das Ziel des Controllings besteht darin, Informationen an die Geschäftsleitung zu übermitteln, welche Entscheidungen trifft. Der Controller berät die Unternehmensleitung. — *Ziele*

Controlling kann in **strategisches** und **operatives** Controlling untergliedert werden. — *Arten*

Abb. 2.4: Controllingarten

Controlling

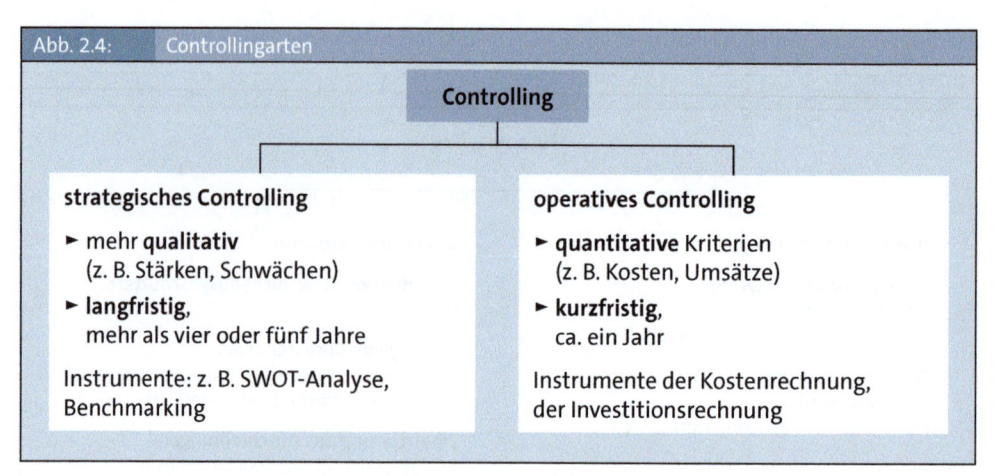

- **strategisches Controlling**
  - mehr **qualitativ** (z. B. Stärken, Schwächen)
  - **langfristig**, mehr als vier oder fünf Jahre
  - Instrumente: z. B. SWOT-Analyse, Benchmarking

- **operatives Controlling**
  - **quantitative** Kriterien (z. B. Kosten, Umsätze)
  - **kurzfristig**, ca. ein Jahr
  - Instrumente der Kostenrechnung, der Investitionsrechnung

Controlling kann in die Linienorganisation (z. B. Produktionscontrolling) oder als Stabsstelle positioniert werden. Zudem ist auch Projektcontrolling möglich.

Die Balanced Scorecard stellt ein Bindeglied zwischen dem strategischen und operativen Bereich dar. Die Balanced Scorecard umfasst vier Perspektiven:

- Finanzperspektive
- Prozessperspektive
- Perspektive Mitarbeiter und Lernen
- Kunden- und Lieferantenperspektive.

Die Balanced Scorecard nutzt für jede Perspektive Kennzahlen, die mit einem Soll-Ist-Vergleich beobachtet werden. Sie ist aber auch ein Kommunikationsinstrument.

2.1.7 Personal

Neben dem Einsatz von Kapital (Geld- und Sachkapital) stellt die menschliche Arbeit für die betriebliche Leistungserstellung einen zentralen Faktor dar. Das Personalmanagement kann in folgende Bereiche untergliedert werden:

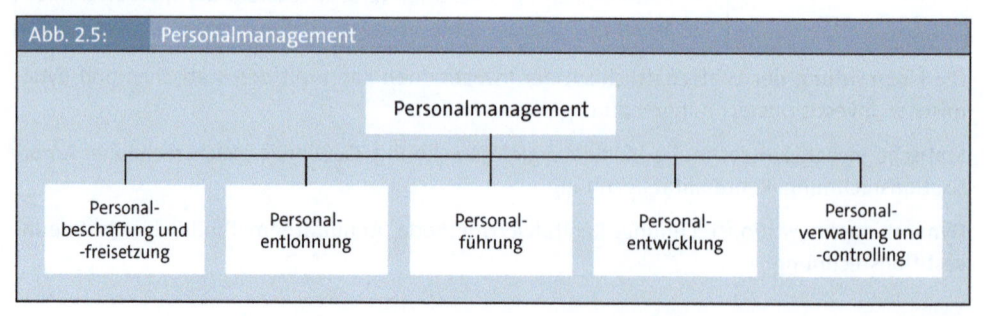

Abb. 2.5: Personalmanagement

Personalmanagement
- Personalbeschaffung und -freisetzung
- Personalentlohnung
- Personalführung
- Personalentwicklung
- Personalverwaltung und -controlling

Personalbeschaffung — Aufgrund des Fachkräftemangels in verschiedenen Bereichen der Wirtschaft ist die Beschaffung der Mitarbeiter in einem Unternehmen bedeutsam. Die Arbeitgeber versuchen, ihre Arbeitgebermarke (Employer Branding) zu stärken und den potenziellen Beschäftigten attraktive Angebote zu machen.

Die Personalbeschaffung benötigt Antworten für folgende Fragen:

- **Wie viele** Mitarbeiter werden benötigt?
- **Welche** Qualifikation sollten die Mitarbeiter haben?
- **Wann** sollen die Mitarbeiter zur Verfügung stehen?
- **Wo** sollen die Mitarbeiter eingesetzt werden?

Für die Ermittlung der „richtigen Menge" (quantitative Personalbedarfsermittlung) gibt es Schätzverfahren (Delphi-Methode [Expertenschätzung], Trendanalyse), Kennzahlen (z. B. Arbeitsproduktivität), Stellenplanmethode usw. Die Qualität der potenziellen Mitarbeiter kann durch Vorstellungsgespräch, Assessmentcenter, Tests usw. ermittelt werden.

Die Personalbeschaffung kann extern oder intern erfolgen. Aus der **externen Personalbeschaffung** können sich beispielsweise folgende Vor- und Nachteile ergeben.

Vorteile	Nachteile
neue Idee für das Unternehmen	höhere Gehälter aufgrund des Fachkräftemangels
externe Führungskräfte z. B. haben keine früheren Beziehungen zu Kollegen; damit ist die Akzeptanz erhöht	Risiko der Abwanderung während der Probezeit

Möglichkeiten der Personalfreisetzung sind:
- Abbau von Überstunden
- keine Verlängerung von befristeten Verträgen
- Kündigungen.

Personalfreisetzung

Die Entlohnung stellt für die Mitarbeiter eine wesentliche Säule dar, weil der Lebensunterhalt damit gesichert werden kann. **Verschiedene Formen der Entlohnung** sind möglich:

Personalentlohnung

Zeitlohn	Die Arbeitszeit von z. B. 35 Stunden pro Woche zählt. Keine Outputorientierung. Es wird für die vertraglich vereinbarte Arbeitszeit ein Gehalt gezahlt.
Leistungslohn	Der Lohn ist abhängig vom Output, z. B. Akkordlohn. Der Mitarbeiter erhält je nach produzierter Stückzahl einen Lohn.
Prämienlohn	fixes Gehalt plus Prämie **Bespiel**: Ein Banker verkauft Bausparverträge. Dafür erhält er zum Fixum einen bestimmten Prozentsatz oder Promillesatz der Summe des Bausparvertrages oder einen definierten Betrag pro verkauften Vertrag.
Zusatzvergütungen	Tantiemen: Abhängig vom Jahresüberschuss (Gewinn) des Unternehmens werden zu den Gehältern die Gewinne an die Mitarbeiter ausgeschüttet. Gratifikationen: bei Heirat, Geburt eines Kindes, 25 Jahre Betriebszugehörigkeit

Die monetäre Personalentlohnung ist wichtig für die „**extrinsische Motivation**". Gehaltserhöhungen befriedigen die Mitarbeiter meist nur für einen Zeitraum von ca. drei Monaten. Daher ist die „**intrinsische Motivation**" wesentlich. Dazu gehören eine Begeisterungsfähigkeit für das Unternehmen oder das Projekt, eine gute Stimmung im Team sowie eine respektvolle und anerkennende Führung.

Es werden verschiedene **Führungsstile** unterschieden.

Personalführung

Führungsstile	Vorteile	Nachteile
autoritärer Führungsstil	schnelle Handlung	demotiviert Mitarbeiter
kooperativer Führungsstil	Teilnahme der Mitarbeiter an Entscheidung führt zu Motivationssteigerung	Entscheidungsfindungsprozess dauert lange
Laissez-faire Führungsstil	Mitarbeiter können die Aufgaben selbst gestalten	kein oder kaum Einfluss der Führungskraft durch zu passives Verhalten

Im Rahmen der Personalführung gibt es auch **Führungskonzepte:**

Management by Objectives	Führungskraft gibt den Mitarbeitern Ziele vor.
Management by Delegation	Die Mitarbeiter bekommen Aufgaben von der Führungskraft übertragen.
Management by Exception	Die Führungskraft greift nur in Ausnahmefällen bei der Ausführung von Arbeiten oder bei Entscheidungen ein.

Personalentwicklung

Ein qualifiziertes Personal kann ein entscheidender Wettbewerbsfaktor sein. Das Unternehmen hat bestimmte Anforderungen an die Mitarbeiter, um die Leistungserstellung zu erbringen. Die Qualifikation des Mitarbeiters wird mit den Anforderungen des Unternehmens verglichen. Bei einer Lücke findet eine Personalentwicklung statt.

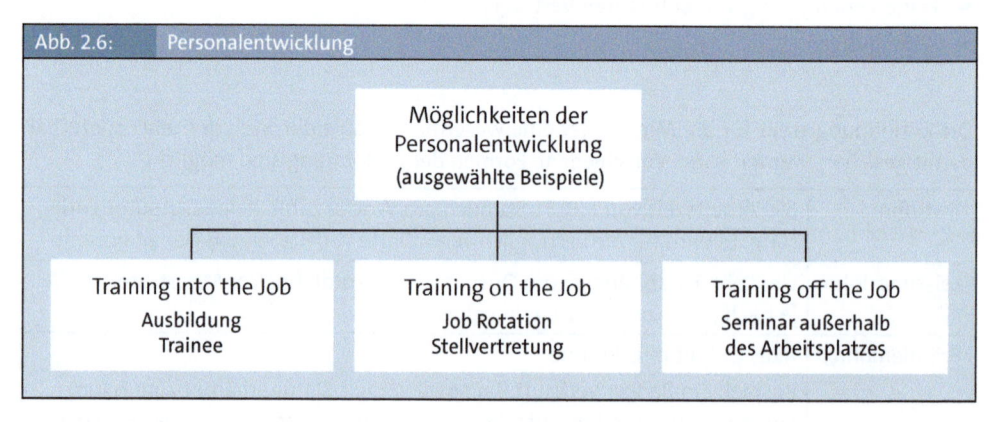

Abb. 2.6: Personalentwicklung

Möglichkeiten der Personalentwicklung (ausgewählte Beispiele)
- Training into the Job — Ausbildung, Trainee
- Training on the Job — Job Rotation, Stellvertretung
- Training off the Job — Seminar außerhalb des Arbeitsplatzes

Wenn beispielsweise eine Personalentwicklungs-Maßnahme (z. B. Seminar) durchgeführt wurde, dann kann ein Personalentwicklungs-Controlling stattfinden, das folgende Elemente enthält:

▶ Bewertung (Evaluierung) des Seminars durch einen Fragebogen (subjektive Wahrnehmung des Seminarteilnehmers wird abgefragt)

▶ Durchführung eines Tests (Lernkontrolle)

▶ Beobachtung der Steigerung der Arbeitsproduktivität durch das Seminar.

Insbesondere bei „weichen" Seminarthemen, z. B. Führungskräfteseminar, ist es schwierig, die Wirtschaftlichkeit des Seminars zu ermitteln, weil „keine direkte" Ertrags- oder Leistungssteigerung gemessen werden kann.

Personalverwaltung und Personalcontrolling

Die **Personalverwaltung** ist eine operative Aufgabe, die z. B.

▶ Lohn- und Gehaltsabrechnungen,

▶ Einstellungsvorgänge, Abgänge sowie

▶ Krankenstände, Meldungen ans Arbeitsamt usw.

umfasst.

Personalcontrolling kann mit Kennzahlen (z. B. Fluktuationsrate, Krankenquote) sowie mit Soll-Ist-Vergleichen realisiert werden.

2.2 Zusammenwirken der betrieblichen Funktionen

Ein Unternehmen kann als →**System** aufgefasst werden, bei dem die einzelnen Funktionsbereiche miteinander verbunden sind. Der nachfolgende Fall soll das Zusammenwirken der betrieblichen Funktionen aufzeigen.

2.2 Zusammenwirken der betrieblichen Funktionen

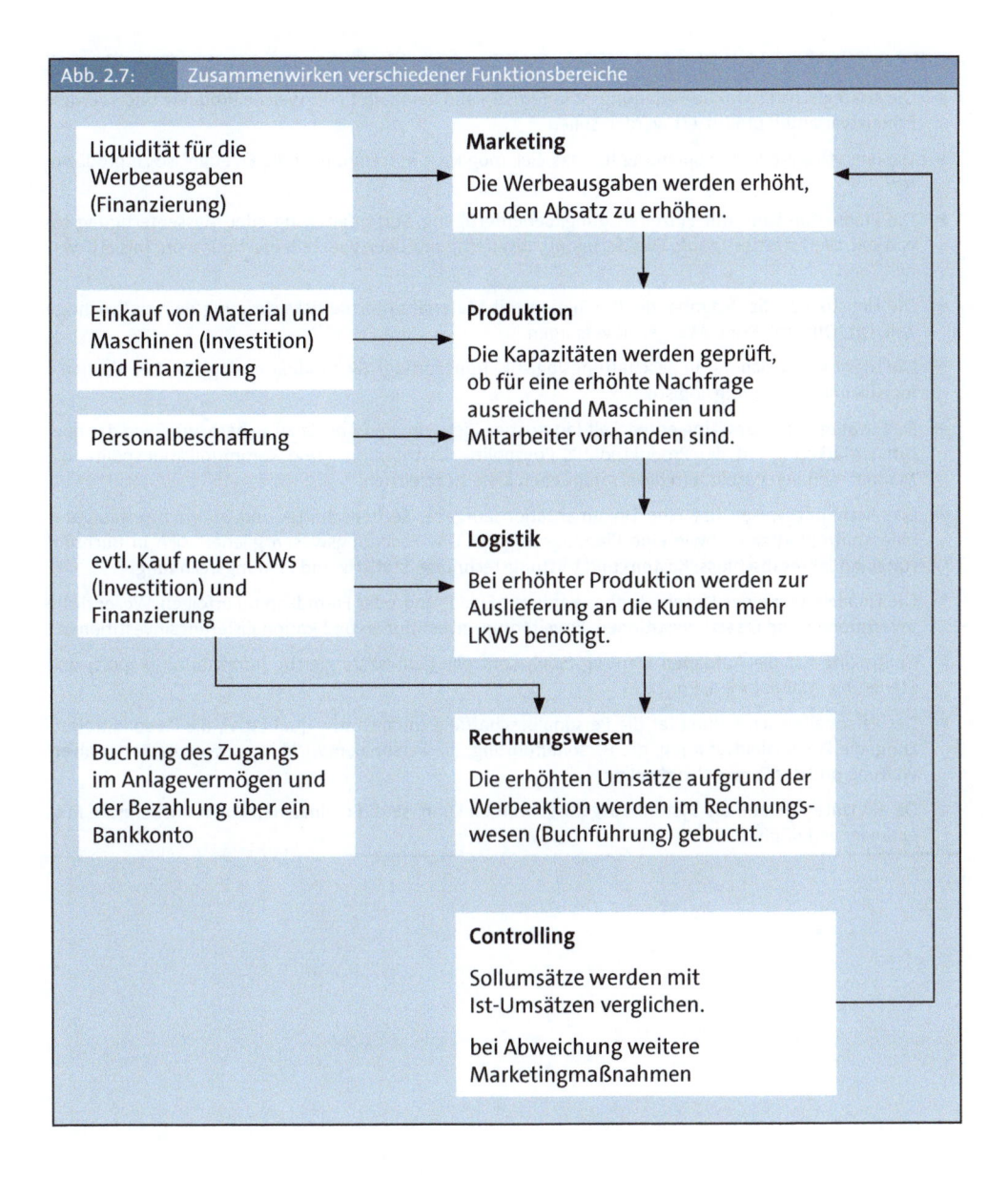

Abb. 2.7: Zusammenwirken verschiedener Funktionsbereiche

Liquidität für die Werbeausgaben (Finanzierung)	**Marketing** — Die Werbeausgaben werden erhöht, um den Absatz zu erhöhen.
Einkauf von Material und Maschinen (Investition) und Finanzierung Personalbeschaffung	**Produktion** — Die Kapazitäten werden geprüft, ob für eine erhöhte Nachfrage ausreichend Maschinen und Mitarbeiter vorhanden sind.
evtl. Kauf neuer LKWs (Investition) und Finanzierung	**Logistik** — Bei erhöhter Produktion werden zur Auslieferung an die Kunden mehr LKWs benötigt.
Buchung des Zugangs im Anlagevermögen und der Bezahlung über ein Bankkonto	**Rechnungswesen** — Die erhöhten Umsätze aufgrund der Werbeaktion werden im Rechnungswesen (Buchführung) gebucht.
	Controlling — Sollumsätze werden mit Ist-Umsätzen verglichen. bei Abweichung weitere Marketingmaßnahmen

IM ÜBERBLICK

- Die strategische Produktionsplanung ist langfristig und beinhaltet z. B., welche Produkte und wie viele Produktvarianten produziert werden sollen.
- Die operative Produktionsplanung hat das Ziel, möglichst kostengünstig die Erzeugnisse zu produzieren.
- Die Produktion kann mit Einzelfertigung, Serienfertigung, Sortenfertigung oder Massenfertigung sowie mit Werkstattfertigung, Fließfertigung, Inselfertigung oder Baustellenfertigung organisiert werden.
- Die Logistik hat die Aufgabe, die Produktion mit Material unter Berücksichtigung der „r´s" (richtige Zeit, Ort, Qualität, Preis, Menge) zu versorgen.
- Die Logistik teilt sich auf in Beschaffungslogistik, Transportlogistik, Produktionslogistik, Distributionslogistik und Entsorgungslogistik.
- Das strategische Marketing entwickelt langfristige Ziele, um den Absatz zu sichern, während das operative Marketing mit der Produktpolitik, Preispolitik, Distributions- und Kommunikationspolitik die Maßnahmen bereitstellt, um die strategischen Ziele zu erreichen.
- Das Rechnungswesen hat eine Dokumentationsaufgabe, Rechenschafts- und Informationsaufgabe, eine Kontrollfunktion sowie eine Planungsaufgabe. Das Rechnungswesen gliedert sich in Buchführung und Jahresabschluss, Kosten- und Leistungsrechnung, Statistik und Planungsrechnung.
- Die Finanzierung eines Unternehmens kann mit Eigen- und/oder Fremdkapital erfolgen. Wesentliche Investitionen sind Ersatzinvestitionen, Erweiterungsinvestitionen und Rationalisierungsinvestitionen.
- Controlling hat die Aufgaben Planung (Soll), Kontrolle (Soll-Ist-Vergleich), Information (Report) und Steuerung (Maßnahmen, Projekte).
- Der Personalbereich beinhaltet die Personalbeschaffung (quantitativ, qualitativ), die Personalfreisetzung, die Personalentlohnung, die Personalführung, die Personalentwicklung sowie die Personalverwaltung und das Personalcontrolling.
- Da ein Unternehmen als System aufgefasst werden kann, sind die einzelnen Funktionsbereiche miteinander verknüpft.

3. Existenzgründung und Unternehmensrechtsformen

3.1 Gründungsphasen

Die Phasen der Existenzgründung können sein:

Impuls für die Gründung	Die Gründung eines Unternehmens kann aus verschiedenen Anlässen oder Motiven erfolgen: ▶ keinen Vorgesetzten mehr (Unabhängigkeit) ▶ Wunsch nach höherem Einkommen ▶ Arbeitslosigkeit beenden ▶ Entwicklung eines Produkts oder Verfahrens.
Geschäftsidee	▶ Idee resultiert aus einem Problem ▶ Anwendung von Kreativitätstechniken ▶ Innovation durch technische Entwicklung (Patent) ▶ Gesellschaftlichen Trend ausnutzen (z. B. Vintage-Mode-Shop) ▶ Imitation von Produkten oder Dienstleistungen Wesentlich ist die Entwicklung eines USP (**U**nique **S**elling **P**roposition = Alleinstellungsmerkmal).
Gründungsvarianten	▶ Neugründung ▶ Unternehmensübernahme ▶ Franchising ▶ Ausgründung ▶ Nebenerwerbsgründung
fachliche und persönliche Eigenschaften des Gründers	Liegen die fachlichen (z. B. Meister im Handwerk) und persönlichen (z. B. Widerstandsfähigkeit gegen Stress, Tiefschläge) Eigenschaften vor? Der Gründer sollte abwägen, ob er die Existenzgründung allein, mit einem Geschäftspartner oder evtl. mit Franchising realisieren kann, um Schwächen auszugleichen und dennoch gründen zu können.
Planungsphase	Der Kern der Planung besteht im Erstellen eines →**Businessplan**s (siehe >> Kapitel 3.2 Voraussetzungen der Existenzgründung), der dann aufzeigen sollte, ob die Gründung oder Übernahme eines Unternehmens aussichtsreich ist, wirtschaftlich tragbar und der Existenzgründer ein Einkommen erhält, das zur Deckung seines Lebensunterhalts nachhaltig reicht. Zur Planungsphase gehört auch, die Finanzierung der geplanten Existenzgründung zu sichern. Mögliche Finanzierungsquellen sind: eigene Mittel, Bankkredite, geförderte Darlehen der KfW-Bank (KfW = Kreditanstalt für Wiederaufbau), Investoren (z. B. ehemalige erfolgreiche Start-up-Unternehmer).

Gründen	Anmeldungen bei verschiedenen Institutionen: ▶ Gewerbeanmeldung bei der Gemeinde, wenn ein Gewerbe (nach § 1 Abs. 2 HGB) vorliegt ▶ IHK: Sachkundenachweis (z. B. Bewachungsgewerbe) ▶ Finanzamt: Existenzgründer erhält eine Steuernummer. Zudem wird geklärt, wie mit der Umsatzsteuer verfahren wird (z. B. Kleinunternehmerregelung) ▶ Berufsgenossenschaft wegen Unfallversicherung ▶ mit Beschäftigten: Krankenkasse, Rentenversicherung, Arbeitslosenversicherung (Bundesagentur für Arbeit) anmelden Wenn der Existenzgründer die steuerlichen Angelegenheiten nicht selbst erledigen kann, sollte er sich einen Steuerberater suchen.
Nachgründungsphase	▶ „Betriebswirtschaftliche Auswertung" (BWA) auswerten ▶ Controlling (Soll-Ist-Vergleich) ▶ Risiken permanent beobachten

Hilfsmittel Ein Gründungscoach kann den Existenzgründer bei der Planung und Gründung des Unternehmens Impulse geben. Zudem gibt es regional verschiedene Institutionen (z. B. Handwerkskammer, Industrie- und Handelskammer) sowie viele Online-Portale (z. B. www.gruender.de, www.existenzgruendungsportal.de), um sich über die Existenzgründung beraten zu lassen bzw. zu informieren.

3.2 Voraussetzungen der Existenzgründung

Konsequenzen Der Existenzgründer sollte sich bewusst sein, dass durch die Selbstständigkeit

▶ kein regelmäßiges und evtl. in der ersten Phase des Unternehmens kein „hohes" Einkommen resultiert,

▶ kein Urlaub möglich ist, wie bei einem Angestelltenverhältnis,

▶ die soziale Absicherung selbst übernommen werden muss; ein Angestellter erhält Lohnfortzahlung; ein Selbstständiger muss dies durch Beitragsaufschlag mit der privaten oder mit der gesetzlichen Krankenkasse finanzieren, bei der er freiwillig versichert werden kann

▶ lange Arbeitstage (ca. 12 - 14 Stunden) und evtl. keine Wochenenden.

persönliche Voraussetzungen Um die hohen Belastungen als Selbstständiger bewältigen zu können, müssen verschiedene persönliche Eigenschaften vorliegen:

▶ sehr gute gesundheitliche und psychische Verfassung; Widerstandsfähigkeit gegen Enttäuschungen, Tiefschläge (z. B. Kundenverluste, Angebote nicht erfolgreich, keine Aufträge)

▶ eine übermäßige Korrektheit schadet dem Unternehmer meist

▶ Kontaktfähigkeit und soziale Kompetenz: Aufbau von Netzwerken (online, Präsenz)

▶ Überzeugungskraft und Begeisterungsfähigkeit für das Produkt und die Dienstleistungen

▶ Leistungswille für lange Arbeitstage und kein „Abschalten", da das Leben der Selbstständigkeit gewidmet wird

▶ Fähigkeit, trotz hoher Belastungen einen Ausgleich (Sport, Meditation) einbauen zu können

▶ Unternehmertyp: eigene Vorstellungen, Entscheidungsstärke, Verantwortungsbewusstsein, Erfolgsorientierung, Neugier, innovativ, Fähigkeit zum „Adlerblick" („nicht nur die Bäume, sondern den ganzen Wald betrachten").

Die Familie oder Partnerschaft (Ehe usw.) sollte mit der Existenzgründung einverstanden sein, weil häufig Toleranz bei langen Arbeitstagen, gestresst, kein Urlaub usw. geübt werden muss.

3.2 Voraussetzungen der Existenzgründung

Der Existenzgründer sollte ein Experte in seinem Fachgebiet und/oder in der Branche sein. Wenn es eine technisch-orientierte Existenzgründung ist, sollte der Existenzgründer im Idealfall vor der Existenzgründung sich zusätzlich eine betriebswirtschaftliche Qualifikation aneignen. Wenn betriebswirtschaftliche Kenntnisse nicht vorhanden sind, stellen die technik-orientierten Gründer meist einen kaufmännischen Leiter ein. Häufig übernehmen diese Rolle auch die Partner.

Fachkenntnisse

Ein Element eines Businessplans ist das „Business Model Canvas", welches folgende Kriterien mit Fragen enthält, die der Existenzgründer für eigene Impulse beantworten kann.[1]

Business Plan

Schlüssel-Partner	Welche Schlüssel-Lieferanten können zur Verfügung stehen?
Schlüssel-Aktivitäten	Produktion, Vertrieb, Plattform?
Schlüssel-Ressourcen	Patente, Personal, Kapital usw.?
Nutzenversprechen	Welchen Nutzen hat der Kunde, wenn er das Produkt oder die Dienstleistung kauft? Höhere Leistung, geringerer Preis, ein schöneres Design usw.?
Kundenbeziehungen	Persönlichen Kontakt, Online?
Kundenarten	Marktnische, Massenmarkt, Marktsegment?
Kosten	Geschäftsmodell begünstigt geringe Kosten oder hohen Nutzen für den Kunden (mit hohen Kosten)?
Einnahmequellen	Produktverkauf, Nutzungsgebühr, Vermietung usw.?

Grundsätzlich kann ein Businessplan folgende Kapitel enthalten.

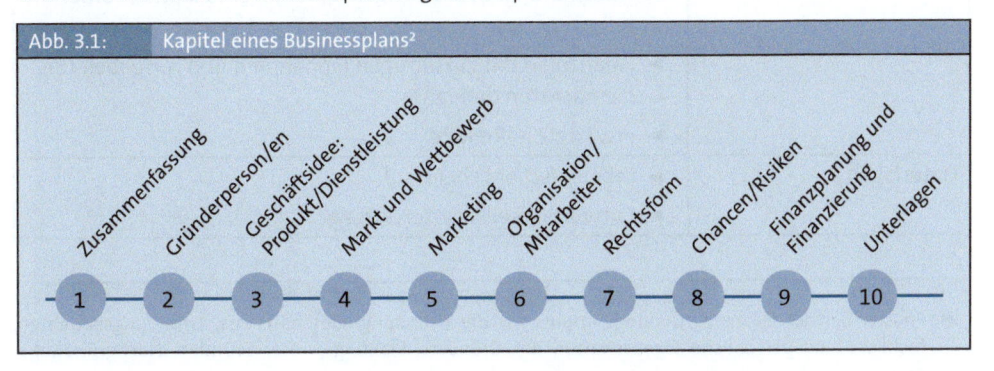

Abb. 3.1: Kapitel eines Businessplans[2]

1. Zusammenfassung
2. Gründerperson/en
3. Geschäftsidee: Produkt/Dienstleistung
4. Markt und Wettbewerb
5. Marketing
6. Organisation/Mitarbeiter
7. Rechtsform
8. Chancen/Risiken
9. Finanzplanung und Finanzierung
10. Unterlagen

Zusammenfassung (Excecutive Summary)	Potenzielle Kapitalgeber erhalten einen schnellen Überblick über die geplante Existenzgründung.
Gründerperson	Motivation und Qualifikation des Gründers vorstellen
Geschäftsidee	Der Nutzen für den Kunden, das Alleinstellungsmerkmal (Unique Selling Proposition), die Ziele des Unternehmens sowie z. B. die Technik sollten verständlich dokumentiert werden.
Markt und Wettbewerb	Erläutern der Nachfrage sowie des Angebots in dem relevanten Markt (Branchenanalyse, Wettbewerbsanalyse, geeigneter Standort), in dem die Existenzgründung stattfinden soll.

---

[1] Vgl. Bundesministerium für Wirtschaft und Energie, GründerZeiten 07 – Businessplan, 01/2021, https://www.bmwk.de/Redaktion/DE/Publikationen/Gruenderzeiten/infoletter-gruenderzeiten-nr-07-businessplan.html, Abruf 17.12.2023.

[2] Vgl. Bundesministerium für Wirtschaft und Energie, GründerZeiten 07 – Businessplan, 01/2021, https://www.bmwk.de/Redaktion/DE/Publikationen/Gruenderzeiten/infoletter-gruenderzeiten-nr-07-businessplan.html, Abruf 17.12.2023.

Marketing	strategisches Marketing: langfristige Ziele (Marktanteil, technischer Fortschritt usw.) operative Ziele: ▶ Produktpolitik ▶ Preispolitik ▶ Distributionspolitik ▶ Kommunikationspolitik
Organisation und Mitarbeiter	Welche Art der Organisation (z. B. Linienorganisation, Projektorganisation)? Wie viele Mitarbeiter mit welcher Qualifikation werden benötigt?
Rechtsform	Soll der Gründer mit dem Privat- und/oder Geschäftsvermögen haften? Welche steuerlichen Aspekte sollen berücksichtigt werden?
Chancen und Risiken	▶ Szenarien für veränderte Markt- und Umweltsituation bilden (best und worst case Szenario) ▶ Risikoanalyse durchführen
Finanzplanung und Finanzierung	▶ Kapitalbedarfsplanung (Gründungskosten wie z. B. Notar, Gebühren für Anmeldungen, Erstausstattung Anlagevermögen, Material, Gehälter, Miete usw. für z. B. sechs Monate zum „Start of Production (SoP)" ▶ Finanzierungsquellen (Eigenkapital, Fremdkapital, Fördermittel) ▶ Finanzplan mit zukünftigen Einnahmen und Ausgaben für die nächsten drei Jahre ▶ erwartete →**Rendite**
Unterlagen	▶ tabellarischer Lebenslauf ▶ Entwurf Gesellschaftervertrag

IM ÜBERBLICK

▶ Phasen bei der Existenzgründung: Impuls für die Gründung, Geschäftsidee, Gründungsvarianten, fachliche und persönliche Eigenschaften des Gründers, Planungsphase, Gründen, Nachgründungsphase
▶ Persönliche Eigenschaften des Gründers, z. B. sehr gute gesundheitliche und psychische Verfassung, Widerstandsfähigkeit, Überzeugungskraft, Entscheidungsstärke usw.
▶ Fachliche Eigenschaften des Gründers: Experte in der Branche oder in seinem Fachgebiet
▶ Businessplan-Elemente: Zusammenfassung, Gründerperson, Geschäftsidee, Markt und Wettbewerb, Marketing, Organisation und Mitarbeiter, Rechtsform, Chancen und Risiken, Finanzplanung und Finanzierung, Unterlagen

3.3 Rechtsformen

3.3.1 Rechtsformen und deren Kombinationen

Die Wahl der Rechtsform ist bei einem neu zu gründenden Unternehmen ein wesentlicher Aspekt. Die Wahl der Rechtsform sollte zum Unternehmer, zu seiner privaten Situation und zu der Branche passen. Mehrere Faktoren haben erheblichen Einfluss z. B. auf den Geschäftsbetrieb, die Expansionsfähigkeit sowie auf den Erfolg des Unternehmens:

▶ Soll die Geschäftsführung von einer oder mehreren Personen ausgeübt werden?
▶ Wird eine begrenzte Haftung oder eine Haftung mit dem Privat- und Geschäftsvermögen bevorzugt?
▶ Wie soll die Ergebnisbeteiligung geregelt sein?

3.3 Rechtsformen

Der Unternehmer hat die Wahl zwischen folgenden Rechtsformen.

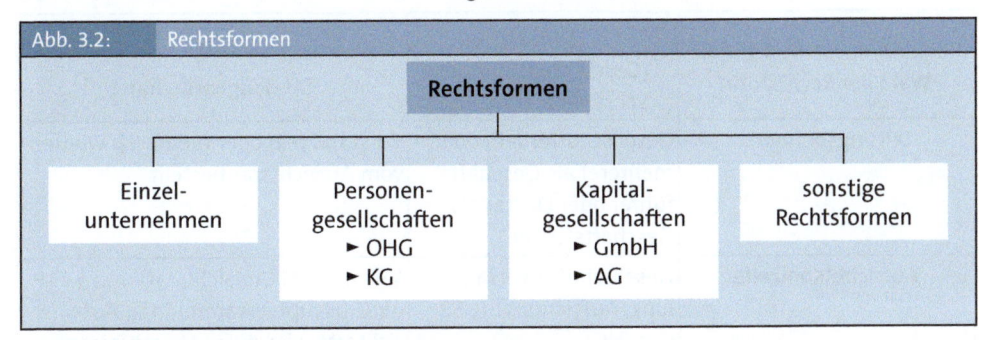

Abb. 3.2: Rechtsformen

```
                        Rechtsformen
        ┌───────────────┬───────────────┬───────────────┐
   Einzel-         Personen-         Kapital-         sonstige
unternehmen     gesellschaften    gesellschaften    Rechtsformen
                  ► OHG             ► GmbH
                  ► KG              ► AG
```

Verteilung der Rechtsformen in Deutschland im Jahr 2022:[1]

Rechtsform	Anteil in Prozent
Einzelunternehmen	59,1
Personengesellschaft (OHG, KG)	12,1
Kapitalgesellschaften (GmbH, AG)	23,7
Sonstige Rechtsformen	5,1
Insgesamt	100,0

Einzelunternehmen, OHG, KG

Bestimmungsfaktor für die Wahl der Rechtsform	Einzelunternehmen	OHG (Offene Handelsgesellschaft)	KG (Kommanditgesellschaft)
Leitungsbefugnis	Inhaber	jeder Gesellschafter (mind. 2) oder nach Gesellschaftsvertrag	Komplementär (Vollhafter); Kommanditisten sind von Geschäftsführung ausgeschlossen (§ 164 HGB)
Aufsicht/Kontrolle	Inhaber	alle Gesellschafter	Komplementäre Kommanditisten haben Kontrollrecht bzgl. Jahresabschluss (§ 166 HGB)
Kapitalbeschaffung	aus Privatvermögen des Inhabers oder Bankkredit	aus Privatvermögen der Gesellschafter oder Bankkredit; zusätzliche Aufnahme von Gesellschaftern	aus Privatvermögen der Gesellschafter, Bankkredit oder zusätzliche Aufnahme von Gesellschaftern
Ergebnisbeteiligung	Gewinne werden dem Eigenkapital unter Berücksichtigung der Privatentnahmen zugeschlagen; Verluste trägt der Inhaber	§ 121 HGB, 4 % auf Kapitaleinlage und Rest nach Köpfen; Verluste werden zu gleichen Teilen von den Gesellschaftern getragen.	§ 167-169 HGB: Komplementär und Kommanditist erhalten 4 % auf ihre Kapitaleinlage; Komplementär erhält Vergütung für Geschäftsführung; Rest wird in angemessenem Verhältnis verteilt
Publizitätspflicht	§ 1 Publizitätsgesetz, wenn Schwellenwerte für best. Größen überschritten werden	wie bei Einzelunternehmen	wie bei Einzelunternehmen und OHG
Besteuerung	individueller Einkommensteuersatz auf Gewinn; Thesaurierungsbesteuerung § 34a EStG	wie bei Einzelunternehmen	wie bei Einzelunternehmen

---

[1] Vgl. Statistisches Bundesamt, https://www.destatis.de/DE/Themen/Branchen-Unternehmen/Unternehmen/Unternehmensregister/Tabellen/unternehmen-rechtsformen-wz08.html, Abruf 11.12.2023.

GmbH, AG

Bestimmungsfaktor für die Wahl der Rechtsform	GmbH (Gesellschaft mit beschränkter Haftung)	AG (Aktiengesellschaft)
Leitungsbefugnis	Gesellschafter (ein oder mehrere) als Geschäftsführer oder Dritter als Geschäftsführer	Vorstand (ein oder mehrere); werden vom Aufsichtsrat bestellt
Aufsicht/Kontrolle	Gesellschafterversammlung, Aufsichtsrat (§ 52 GmbHG)	§ 95 ff. AktG (Aufsichtsrat) und § 119 AktG (Hauptversammlung); Aufsichtsrat wird durch Hauptversammlung bestellt
Kapitaleinlage	Mindestens 25.000 €, Sacheinlagen möglich	Grundkapital bzw. gezeichnetes Kapital mindestens 50.000 €; Sacheinlagen möglich
Kapitalbeschaffung	§ 26 - 28 GmbHG: Nachschusspflicht der Gesellschafter, Aufnahme neuer Gesellschafter, Bankkredit	durch Kapitalerhöhungen möglich; abhängig vom Image und Rating der AG
Ergebnisbeteiligung	§ 29 GmbHG: Ergebnisverteilung nach dem Verhältnis der Geschäftsanteile (Abs. 3); Gesellschafter haben Anspruch auf den Jahresüberschuss bzw. Bilanzgewinn	Aktionäre erhalten eine Dividende pro Aktie; § 174 AktG: Hauptversammlung beschließt über Gewinnverwendung
Publizitätspflicht	§§ 325, 326 HGB; größenabhängig; bei kleinen Kapitalgesellschaften Erleichterungen	wie bei GmbH
Besteuerung	Körperschaftssteuersatz von 15 %	wie bei GmbH

Nachfolgend werden weitere Rechtsformen kurz charakterisiert:

weitere Rechtsformen

► Gesellschaft des Bürgerlichen Rechts (GbR)	► Partnerschaftsgesellschaft (PartGG)
- §§ 705 ff. BGB - Meist für Freiberufler, gemeinsame Projekte - Haftung wie bei OHG - Gewinnverteilung nach Köpfen oder nach Gesellschaftsvertrag	- § 1 PartGG: Zusammenschluss Angehörige freier Berufe, kein Handelsgewerbe - Haftung der Partner als Gesamtschuldner, wobei § 8 Abs. 2 PartGG die Haftung für berufliche Fehler spezifiziert, wenn nur einzelne Partner einen Auftrag bearbeiten - Anmeldung zum Partnerschaftsregister; Name eines Partners und Zusatz „und Partner" (§ 2 PartGG) - Ergebnisverteilung wie OHG oder Vertrag
► Stille Gesellschaft	► Unternehmergesellschaft (haftungsbeschränkt)
- § 230 HGB - Gewinn und Verlust (§ 231 HGB): Eine Gewinnbeteiligung ist erforderlich („angemessener Anteil"), wenn nicht vertraglich bestimmt. Keine Verlustbeteiligung durch Vertrag. - typisch stiller Gesellschafter: Kontrollrecht wie bei Kommanditist - atypisch stiller Gesellschafter: Mitunternehmer, partizipiert an „stillen Reserven", umfangreiche Kontrollrechte	- § 5a GmbHG - Gründung mit einem Euro möglich, „1-Euro-GmbH" - Firmierung mit „Unternehmergesellschaft (haftungsbeschränkt)" oder „UG (haftungsbeschränkt)" - Bildung einer gesetzlichen Rücklage in Höhe von 25 % des um einen Verlustvortrag aus dem Vorjahr geminderten Jahresüberschuss (§ 5a Abs. 3 GmbHG)
► GmbH & Co. KG	► Kommanditgesellschaft auf Aktien (KGaA)
- Personengesellschaft - GmbH ist Komplementär, Kommanditisten sind die GmbH-Gesellschafter - GmbH unterliegt Körperschaftssteuersatz von 15 %; die Gewinne der Kommanditisten (natürliche Personen) werden mit dem individuellen Einkommensteuersatz belastet. - Nachteil: Zwei Jahresabschlüsse, für GmbH und für KG	- juristische Person - einzelne Gesellschafter sind Komplementäre, der Rest Kommanditisten - Einlagen sind durch Aktien verbrieft; Kommanditisten haften bis zur Höhe der Einlage - KGaA unterliegt Körperschaftssteuersatz, Gewinne und Einkommen der Gesellschafter werden individuell versteuert.

► Europäische wirtschaftliche Interessenvereinigung (EWIV)	► Societas Europaea (SE)
- Rechtsgrundlage: Verordnung (EWG) Nr. 2137/85 - Zwei Gesellschaften aus verschiedenen EU-Mitgliedsländern - Zweck: wirtschaftliche Tätigkeit der Mitglieder verbessern; keine direkte Gewinnerzielungsabsicht - EWIV kann nicht mehr als 500 Mitarbeiter beschäftigen	- Europäische Aktiengesellschaft - Mindestkapital: 120.000 € - Gesellschaften aus zwei EU-Staaten notwendig - Vorstand und Aufsichtsrat (dualistisches System); Aufsichtsrat kontrolliert Vorstand - Leitung der SE durch einen Verwaltungsrat (monistisches System)

3.3.2 Ansprüche an Haftung, Geschäftsführung und Vertretung

„Haftung bedeutet **einstehen müssen** für eine (eigene oder fremde) **Verbindlichkeit**."[1]

Die Vertretung der Gesellschaft, außer bei einer GbR, resultiert aus dem Handelsregister (Publizitätswirkung § 15 Abs. 2 HGB).

Wenn ein Vertreter einer Gesellschaft einen Schaden Dritten zufügt, dann haftet die Gesellschaft nach § 31 BGB für den Schaden.

Geschäftsführung beinhaltet Aktivitäten der Geschäftsleitung mit und ohne Außenwirkung, um den Geschäftszweck zu erfüllen.

Haftung	Geschäftsführung	Vertretung
GbR		
Alle Gesellschafter haften gesamtschuldnerisch und persönlich mit dem Privatvermögen Neue Gesellschafter haften für die Altverbindlichkeiten	§§ 709 - 715 BGB Geschäftsführungsbefugnis im Gesellschaftsvertrag geregelt („rechtliches **Dürfen**") Geschäftsführungsbefugnis und Vertretung nach § 714 BGB deckungsgleich § 709 BGB: einstimmige Gesamtgeschäftsführung, d. h. alle Gesellschafter sind zur Geschäftsführung berechtigt	§§ 709 - 715 BGB Vertretungsmacht: „rechtliches **Können**" im Außenverhältnis Geschäftsführungsbefugnis und Vertretung nach § 714 BGB deckungsgleich
OHG		
Haftung der Gesellschafter gegenüber Dritten: unbeschränkt mit Geschäfts- und Privatvermögen der Gesellschafter *Haftung gegenüber der Gesellschaft*: Verletzt der Gesellschafter Pflichten schuldhaft, dann haftet er für den Schaden gegenüber der Gesellschaft *Beispiele*: Abschluss eines Geschäfts, zu dem er nicht befugt war **Wichtig**: Nichtbeachtung der Vertretungsmacht im **Innenverhältnis** ist für das **Außenverhältnis** nicht relevant	Jeder Gesellschafter ist zur Geschäftsführung berechtigt (§ 114 Abs. 1 HGB). Geschäftsführungsbefugnis nur für „gewöhnlichen Geschäftsbetrieb", bei außergewöhnlichen Geschäften ist Gesellschafterbeschluss notwendig	§§ 125 ff. HGB Jeder Gesellschafter kann die OHG vertreten Vertretungsmacht z. B. für gerichtliche und außergerichtliche Geschäfte, Veräußerung von Grundstücken, Erteilung und Widerruf von Prokura Einzelvertretung jedes Gesellschafters möglich (§ 125 Abs. 1 HGB) Vertretungsbefugnisse sind ins Handelsregister einzutragen

---

[1] Huber, Steffen, Rinnert, Axel, Rechtsformen und Rechtsformwahl - Recht, Steuern, Beratung, 2. Auflage, SpringerGabler, 2019, S. 115.

Haftung	Geschäftsführung	Vertretung
KG		
Hafteinlage des Kommanditisten für das Außenverhältnis gegenüber Gläubigern relevant **Vor** Eintragung ins Handelsregister haftet der Kommanditist wie der Komplementär voll mit Geschäfts- und Privatvermögen **Nach** Eintragung ins Handelsregister: Kommanditist: Haftung auf Höhe der Einlage beschränkt; Komplementär: persönlich mit Privat- und Geschäftsvermögen	Geschäftsführung durch Komplementäre Kommanditisten sind von Geschäftsführung ausgeschlossen, außer durch Gesellschaftsvertrag möglich.	Kommanditisten sind von Vertretung der KG ausgeschlossen (§ 170 HGB), außer durch Gesellschaftsvertrag oder durch Prokura möglich
GmbH		
Vor Eintragung ins Handelsregister: Gesellschafter haften unbeschränkt mit Geschäfts- und Privatvermögen und solidarisch **Nach** Eintragung ins Handelsregister: Haftung der GmbH mit Gesellschaftsvermögen Geschäftsführerhaftung: Sorgfalt eines ordentlichen Kaufmanns ist anzuwenden (§ 43 Abs. 1 GmbHG): Beispiele: Misswirtschaft (Kauf unbrauchbarer Maschinen), Überschreitung der Vertretungsmacht z. B. bei einem angestellten Geschäftsführer, persönliche Bereicherung (Schmiergeld) Der Geschäftsführer haftet nicht gegenüber den Gesellschaftern und nur gegenüber der Gesellschaft **Insolvenzverschleppung**: Spätestens drei Wochen nach Eintritt des Insolvenzgrundes, muss der Geschäftsführer den Insolvenzantrag stellen.	§ 6 Abs. 1 GmbHG: GmbH muss einen oder mehrere Geschäftsführer haben; Geschäftsführer wird durch Gesellschafterversammlung berufen (§ 46 Nr. 5 GmbHG) Geschäftsführer verantwortlich für Tagesgeschäft, Führung, Ausführung der Entscheidung der Gesellschafter, Aufstellung des Jahresabschlusses, Einberufung der Gesellschafterversammlung Geschäftsführer ist an die Weisungen der Gesellschafter gebunden	§ 135 Abs. 1 GmbHG: Geschäftsführer ist Vertretungsorgan Vertretungsmacht des Geschäftsführers: gerichtlich und außergerichtlich Änderungen der Vertretungsmacht, Bestellung und Abberufung des Geschäftsführers im Handelsregister dokumentiert (§ 39 GmbHG)
AG		
Haftung in der Gründungsphase: Gründer: Haftung für Richtigkeit der Angaben Vorstand, Aufsichtsrat: Haftung für Pflichtverletzung Haftung der Gründungsprüfer: z. B. Verstoß gegen Verschwiegenheit **Nach Eintragung ins Handelsregister**: jedes Vorstandsmitglied haftet gegenüber Dritten Haftung des Vorstands gegenüber der AG: Vorstand hat „weiten Handlungsspielraum"; Verstoß z. B., wenn eingegangene Risiken unverantwortlich sind Haftung der Aufsichtsratsmitglieder: Verstöße z. B., wenn Maßnahmen unterlassen werden bei „Unregelmäßigkeiten" des Vorstands, unterlassener Einsatz eines Sachverständigen bei schwierigen Problemstellungen	Geschäftsführung erfolgt durch den Vorstand der AG Gesamtgeschäftsführungsbefugnis: sämtliche Vorstandsmitglieder müssen der Geschäftsführungsmaßnahme zustimmen (§ 77 Abs. 1 AktG) § 77 Abs. 2 AktG: Geschäftsordnung für Vorstand Pflichten des Vorstands: Geschäftsführung mit der Sorgfalt eines ordentlichen Kaufmanns Berichterstattung gegenüber Aufsichtsrat Einberufung der Hauptversammlung Pflicht zur Eröffnung des Insolvenzverfahrens bei Zahlungsunfähigkeit oder Überschuldung der AG	§ 78 Abs. 1 AktG: Vorstand vertritt die AG gerichtlich und außergerichtlich § 78 Abs. 2 AktG: Gesamtvertretung sämtlicher Vorstandsmitglieder § 78 Abs. 4 AktG: Einzelermächtigungen für einzelne Vorstandsmitglieder bei einzelnen Geschäften möglich

3. Existenzgründung und Unternehmensrechtsformen

IM ÜBERBLICK

- Häufige Rechtsformen sind: Einzelunternehmen, OHG, KG, GmbH und AG.
- Sonstige Rechtsformen sind z. B.: Gesellschaft des Bürgerlichen Rechts (GbR), Unternehmergesellschaft (UG), GmbH & Co. KG, Societas Europaea (SE).
- Bestimmungsfaktoren für die Wahl der Rechtsform sind z. B.: Leitungsbefugnis, Kapitalbeschaffung, Ergebnisbeteiligung, Kapitalentnahme.
- Die Haftung, die Geschäftsführung und Vertretung spielen bei den Rechtsformen eine wichtige Rolle.
- Haftung bedeutet, für eigene oder fremde Verbindlichkeiten einstehen zu müssen.
- Vor einer Eintragung ins Handelsregister haften die Gesellschafter, z. B. einer GmbH, unbeschränkt mit dem Geschäfts- und Privatvermögen.
- Bei der KG dürfen i. d. R. nur Komplementäre die Geschäftsführung ausüben.

4. Unternehmenszusammenschlüsse

4.1 Grundsätzliches

Es gibt folgende Möglichkeiten des Unternehmenszusammenschlusses:

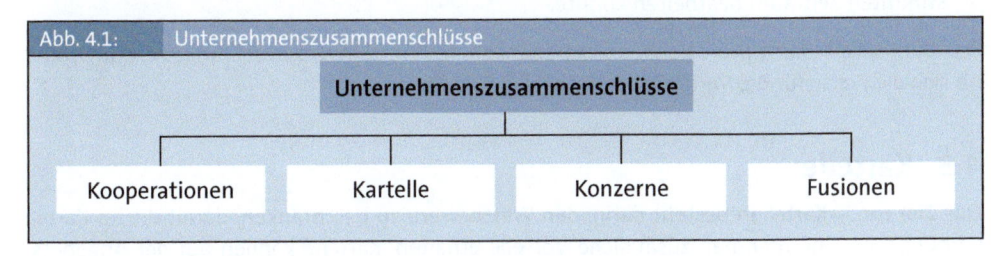

Abb. 4.1: Unternehmenszusammenschlüsse

Unternehmenszusammenschlüsse
- Kooperationen
- Kartelle
- Konzerne
- Fusionen

Unternehmen schließen sich zusammen, um **Vorteile** zu erzielen: *Vor- und Nachteile*

- Ausbau der Marktmacht auf der Absatzseite, was zu Preiserhöhungen führen kann
- Risikostreuung, z. B. durch Mischkonzern
- günstigere Einkaufspreise, z. B. Mengenrabatte, weil die Einkaufsmengen größer sind
- Kostensenkung1en, weil die fixen Kosten pro Stück bei einer größeren Produktionsmenge sinken.

Nachteile von Unternehmenszusammenschlüssen sind z. B.:

- höhere Marktmacht und steigende Preise sind für die Verbraucher nachteilig
- technischer Fortschritt stagniert durch die Marktmacht.

4.2 Kooperationen

Unternehmen arbeiten zusammen (kooperieren), wenn sich Vorteile ergeben. Mögliche Aktionsfelder sind beispielsweise:[1] *Kooperationsarten*

Einkaufskooperationen	Entscheidung des Bundeskartellamtes, Januar 2022: Die KHK-GmbH & Co. KG darf an der Möbeleinkaufskooperation Begros teilnehmen.
Kooperation in Forschung und Entwicklung	Kooperation zwischen Qualcomm (US-Chiphersteller) und Veoneer (Softwarebereich Automobilzulieferer) Anfang 2021 für ein integriertes Fahrassistenzsystem (Marke Arriver) Kooperation zum automatisierten Fahren zwischen Volkswagen und Bosch
Krisen-Kooperation	Durch den Ukraine-Krieg wurde die Gasversorgung von vier Zuckerproduzenten (Nordzucker, Südzucker usw.) knapp. Das Bundeskartellamt genehmigte eine **zeitlich befristete** Kooperation, um sich Produktionskapazitäten gegenseitig zur Verfügung zu stellen.
Nachhaltigkeitskooperation	„Branchenvereinbarung Milch" für mehr Tierwohl: keine Bedenken des Bundeskartellamtes

Kooperationen können

- sachlich (z. B. Forschung- und Entwicklung) als auch
- zeitlich befristet (z. B. Autobahnprojekt in Form einer ARGE [Arbeitsgemeinschaft] zwischen zwei Bauunternehmen) stattfinden. Auch Konsortien, z. B. Bankenkonsortium, zur Finanzierung eines Großflughafens, stellen eine zeitlich befristete Zusammenarbeit dar.

---

[1] Vgl. Bundeskartellamt, Jahresbericht 2022/23, https://www.bundeskartellamt.de/DE/UeberUns/Publikationen/Jahresbericht/jahresbericht_node.html, Abruf 10.12.2023.

Ziele Ziele von Kooperationen sind:
- technischen Fortschritt fördern
- günstigere Einkaufskonditionen oder besseres Vertriebsnetz
- optimale Abwicklung von Projekten, weil ein Anbieter die Projektgröße nicht in einem bestimmten Zeitraum bearbeiten könnte.

Das Bundeskartellamt prüft bei Kooperationen, ob der Wettbewerb beschränkt wird und/oder ob sich die Preise für die Verbraucher nachteilig verändern.

4.3 Kartelle

Ziel Das **Ziel** von →**Kartellen** besteht darin, den **Wettbewerb zu beschränken**, damit die im Kartell verbundenen Unternehmen zusätzliche Vorteile erhalten. Kartelle können auf der Angebots- oder auch der Nachfrageseite auftreten.

Die **Bildung von Kartellen** ermöglichen folgende Sachverhalte:[1]
- wenige Anbieter
- geringe Nachfrageelastizität: geringe Auswahl für Nachfrager
- Homogenität der Güter, da Preise vergleichbar damit sind.
- geringe Bußgelder.

VORSICHT: Kartelle führen zu einer Monopolsituation mit höheren Preisen als bei Wettbewerb.

Verbote Das **Verbot von Kartellen** ist in § 1 Gesetz gegen Wettbewerbsbeschränkungen geregelt.

Verboten sind neben Preiskartellen, auch Quotenkartelle und Gebietskartelle. Diese Kartelle werden „**Hardcore-Kartelle**" genannt.[2]

Preiskartell	Vier Dortmunder Bauunternehmen sprachen bei Ausschreibungen zu Straßenbauarbeiten die Preise ab.
Quotenkartell	Brückendehnungsfugen; Quotenkartell und Marktaufteilung zwischen Maurer SE und Mageba GmbH
Gebietskartell	Die Regionen werden im Kartell aufgeteilt, sodass der jeweilige Anbieter nur in dem zugeordneten Gebiet seine Waren absetzen darf. **Beispiel**: Zuckerhersteller Pfeifer & Langen GmbH & Co. KG, Köln, Südzucker AG Mannheim/Ochsenfurt, Mannheim, und Nordzucker AG, Braunschweig[3]

Es gibt auch Ausnahmen des Kartellverbots:
- Verbesserung der Warenerzeugung und Förderung des technischen Fortschritts
- bei kleinen und mittleren Unternehmen
- verschiedene Wirtschaftsbereiche, z. B. Landwirtschaft, Bücher, Zeitung.

Das Bundeskartellamt verhängt hohe Bußgelder gegen die Unternehmen sowie häufig auch gegen die verantwortlichen Manager. Zudem wurde vor Jahren eine „Kronzeugenregelung" eingeführt, was zu geringeren Bußgeldern führt.

Werden Kartelle in einer eigenen Rechtsform gebildet, dann liegt ein **Syndikat** vor. International gibt es Kartelle, die nicht verboten sind, weil kein entsprechender Rechtsrahmen vorhanden ist. Ein Beispiel ist die OPEC, welche die Preise und Mengen am Ölmarkt zugunsten der erdölfördernden Mitgliedsländer verändert.

---

1 Vgl. Conrad, Christian A., Wirtschaftspolitik, 2. Auflage, 2020, S. 264.
2 Vgl. Bundeskartellamt, Jahresbericht 2022/23, https://www.bundeskartellamt.de/DE/UeberUns/Publikationen/Jahresbericht/jahresbericht_node.html, Abruf 10.12.2023.
3 Vgl. Bundeskartellamt, Bußgelder gegen Zuckerhersteller, https://www.bundeskartellamt.de/SharedDocs/Meldung/DE/Meldungen%20News%20Karussell/18_02_2014_Zucker.html, Abruf 10.12.2023.

4.4 Konzerne

Wenn sich Unternehmen zusammenschließen und
- die „Tochtergesellschaft" die wirtschaftliche Selbstständigkeit verliert,
- jedoch die „rechtliche" Selbstständigkeit behält,

liegt ein Konzern vor. Die „Tochter"-Gesellschaften behalten ihre Firmennamen, sind jedoch von den wirtschaftlichen Entscheidungen der „Muttergesellschaft" abhängig.

Die Zahl der Tochterunternehmen kann groß sein. Beispielsweise hat die Volkswagen AG über 1.000 Tochterunternehmen.[1]

Unternehmen können sich beispielsweise wie folgt verbinden:

Konzernarten

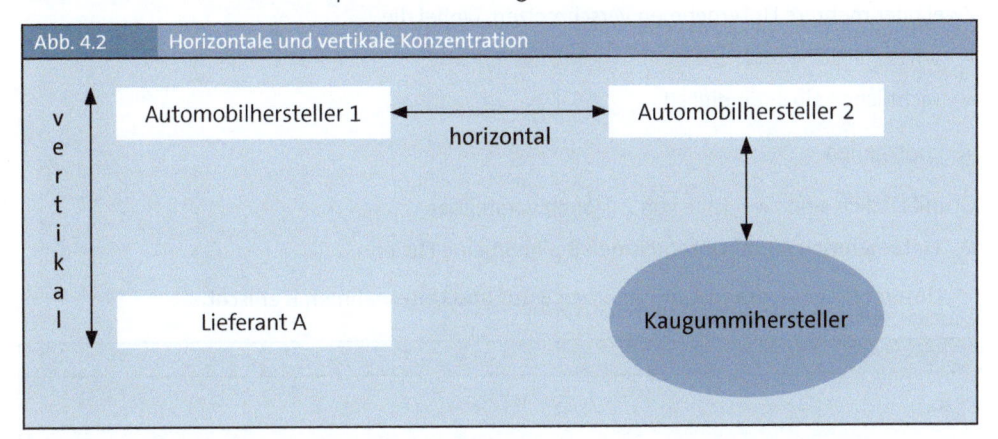

Abb. 4.2 Horizontale und vertikale Konzentration

vertikal: Automobilhersteller 1 — Lieferant A
horizontal: Automobilhersteller 1 ↔ Automobilhersteller 2
Automobilhersteller 2 ↔ Kaugummihersteller

vertikaler Konzern	vor- oder nachgelagerte Produktions- oder Handelsstufe **Beispiel**: Automobilhersteller und Lieferant
horizontaler Konzern	zwei Automobilhersteller, um die Forschungs- und Entwicklungstätigkeit zu fördern, z. B. Batterie E-Car
Konglomerat	Mischkonzern und Kooperation, ohne dass das zweite beteiligten Unternehmen aus der gleichen Branche kommt. **Beispiel**: Automobilhersteller 2 und Kaugummihersteller

Ziele der Konzernbildung sind:

Ziele

- Marktmacht ausbauen, was jedoch durch das Bundeskartellamt anhand des Gesetzes gegen Wettbewerbsbeschränkungen (GWB) kontrolliert wird. Liegt ein Marktmissbrauch nach GWB vor, wird das Bundeskartellamt einschreiten. Nach § 19a GWB unterliegen auch Digitalkonzerne der Missbrauchsaufsicht.
- technischen Fortschritt fördern, um Wettbewerbsvorteile zu erhalten.
- Beschaffungen gewährleisten, wenn z. B. Zulieferer im Konzern integriert ist.
- Vertriebsnetz ausbauen, um in anderen Ländern einen Markteintritt zu erhalten.
- Verschachtelung von Unternehmen und Beteiligungen, um gegenüber Dritten möglichst wenig Transparenz zu bieten und Veröffentlichungspflichten von Jahresabschlüssen zu umgehen.
- steuerliche Gründe, um international Gewinnverschiebungen zu ermöglichen.

Bei sehr vielen Tochterunternehmen wird häufig eine **Holdinggesellschaft** gegründet. Zu Forschungs- und Entwicklungszwecken kann ein **Joint-Venture** gegründet werden, bei dem sich z. B. zwei Unternehmen mit jeweils 50 % beteiligen.

Eine Beteiligung einer Muttergesellschaft an einer Tochtergesellschaft kann bei 100 % liegen, oder bei 25 % (**Sperrminorität**) der Aktienanteile. Die Anteilseigner der 25 % Aktienanteile kön-

---

[1] Vgl. Meyer, Theile, Bilanzierung nach Handels- und Steuerrecht, 31. Auflage, 2021, S. 273.

nen wichtige Beschlüsse blockieren, da für viele Entscheidungen, z. B. Satzungsänderungen, Kapitalerhöhungen, bei der Hauptversammlung der Aktiengesellschaft eine Dreiviertel-Mehrheit erforderlich ist.

Eine Beteiligung kann auch durch **51 %** der Aktienanteile (Mehrheitsbeteiligung) gestaltet sein, so dass die Anteilseigner Beschlüsse durchsetzen können, sofern es sich nicht um Beschlüsse handelt, bei denen eine 75 %-Mehrheit der Aktienanteile bei der Hauptversammlung notwendig ist.

4.5 Fusionen

Zwei oder mehrere Unternehmen verschmelzen, wobei die

- wirtschaftliche und
- rechtliche Selbstständigkeit

verloren gehen.

Grundsätzlich sind zwei Fälle von Fusionen vorstellbar:

- Unternehmen A und Unternehmen B planen eine Fusion.

    Unternehmen A nimmt Unternehmen B auf und Unternehmen B **erlischt**.

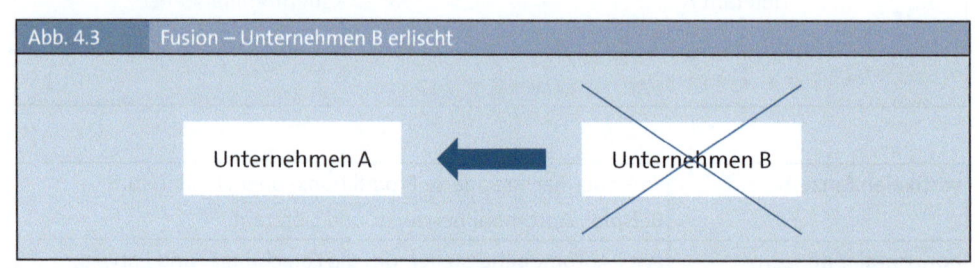

Abb. 4.3 Fusion – Unternehmen B erlischt

- Unternehmen A und Unternehmen B verschmelzen zu einem neu gegründeten Unternehmen C. Die Unternehmen A und B werden gelöscht.

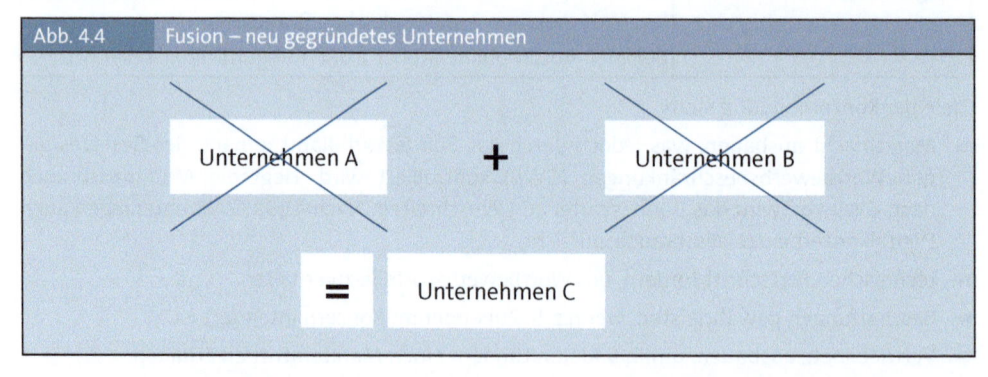

Abb. 4.4 Fusion – neu gegründetes Unternehmen

Fusionskontrolle

Wenn durch die Fusion eine marktbeherrschende Stellung entsteht, wird im Englischen der Begriff **Trust** verwendet.

Das Bundeskartellamt führt eine **Fusionskontrolle** durch, um zu prüfen, wie der Wettbewerb durch die Fusion beeinträchtigt oder beschränkt wird.

BEISPIEL

Untersagen der Fusion durch das Bundeskartellamt[1]

Im Januar 2022 plante die BIRCO GmbH, die ACO Ahlmann SE & Co. KG zu übernehmen. Beide Unternehmen sind in der Linienentwässerung von Straßen, Plätzen usw. aktiv. Dadurch wäre ein Marktanteil von ca. 50 % entstanden. Die Fusion wurde durch das Bundeskartellamt abgelehnt.

---

1 Vgl. Bundeskartellamt, Jahresbericht 2022/23, https://www.bundeskartellamt.de/DE/UeberUns/Publikationen/Jahresbericht/jahresbericht_node.html, Abruf 10.12.2023.

4.5 Fusionen

Da Fusionen häufig grenzüberschreitend stattfinden, arbeitet das Bundeskartellamt mit internationalen Organisationen zusammen, um den Wettbewerb aufrechtzuerhalten:[1]

- ECN: European Competition Network besteht aus den nationalen Wettbewerbsbehörden der EU sowie der Europäischen Kommission
- ICN: International Competition Network setzt sich aus 140 weltweiten Wettbewerbsbehörden zusammen
- Zudem arbeitet das Bundeskartellamt mit der OECD (Organisation für wirtschaftliche Zusammenarbeit und Entwicklung) und der UNCTAD (United Nations Conference on Trade and Development) zusammen.

In Deutschland wird alle zwei Jahre ein Gutachten der **Monopolkommission** erstellt, um die Wettbewerbspolitik sowie die Regeln zur Fusionskontrolle zu bewerten.

IM ÜBERBLICK

- Unternehmenszusammenschlüsse können durch Kooperationen, Kartelle, Konzerne und Fusionen erfolgen.
- Kooperationen werden eingegangen, z. B. beim Einkauf für günstigere Preise, um Forschung und Entwicklung zu fördern, bei Krisen Produktionsengpässe zu überwinden.
- Kartelle haben das Ziel, den Wettbewerb zu beschränken. „Hardcore-Kartelle" (Preiskartelle, Quotenkartelle, Gebietskartelle) sind verboten. Rechtsgrundlage ist das Gesetz gegen Wettbewerbsbeschränkungen (GWB).
- Bei einem Konzern geht die wirtschaftliche Selbstständigkeit bei der Tochtergesellschaft verloren, während die rechtliche Selbstständigkeit bestehen bleibt.
- Ein vertikaler Konzern liegt vor, wenn die Tochtergesellschaft ein Zulieferer der Muttergesellschaft ist. Eine horizontale Konzentration ist gegeben, wenn in der gleichen Branche eine Beteiligung erfolgt. Ein Konglomerat besteht aus Unternehmen verschiedener Branchen.
- Bei einer Fusion geht die wirtschaftliche und rechtliche Selbstständigkeit zweier oder mehrerer Unternehmen verloren.
- Die Aufgaben des Bundeskartellamtes bestehen z. B. in der Durchsetzung des Kartellverbots, der Fusionskontrolle und der Missbrauchsaufsicht.

---

1 Vgl. Bundeskartellamt, Jahresbericht 2022/23, https://www.bundeskartellamt.de/DE/UeberUns/Publikationen/Jahresbericht/jahresbericht_node.html, Abruf 10.12.2023.

5. Prüfungstipps

Prüfungen sind außergewöhnliche Ereignisse und sollten fundiert vorbereitet werden. Nachfolgend werden verschiedene Tipps dargelegt:

vor der Prüfung	▶ nach dem DIHK-Rahmenplan lernen
	▶ **für Volkswirtschaftslehre den Wirtschaftsteil der Tageszeitungen oder im Internet die aktuellen Wirtschaftsmeldungen verfolgen, da die Prüfungsaufgaben auch einen aktuellen Themenbezug aufweisen**
	▶ Exzerpte anfertigen (Stichpunkte oder Zusammenhänge aus Büchern, Skripten usw. zusammenfassen; verdichten den Stoff, weil keine Person sich alles merken kann)
	▶ Lernstoff häufig wiederholen: vorsagen, schreiben oder sich abfragen lassen
	▶ Arbeitsgruppe bilden: gegenseitiger Austausch hilfreich, um Fragen oder Probleme (gemeinsam) zu lösen; auch gegenseitige Motivation impulsiert; man ist nicht allein
	▶ die DIHK-Prüfungen der letzten Jahre zur Übung verwenden
	▶ zugelassene Hilfsmittelliste bei der zuständigen IHK besorgen
	▶ bei Prüfungsangst: Entspannungstechniken anwenden; bei extremer Prüfungsangst einen Arzt, Therapeuten oder Coach hinzuziehen
	▶ sich einen Zettel ca. 10 Tage vor der Prüfung anfertigen und den folgenden Satz drei Mal am Tag laut vorsprechen: *„Ich bestehe die IHK-Prüfung am Tag XXXX"*
	▶ Anreise zum Prüfungsort planen (Pufferzeit, Parkplatz usw.) sowie Verpflegung für Prüfungstag vorbereiten
Die ersten Prüfungsminuten	▶ Motivieren Sie sich mit der inneren Stimme: *„Ich schaffe die Prüfung."*
	▶ Nachdem die Prüfungsaufgaben ausgeteilt wurden, verschaffen Sie sich erst einen Überblick. Beginnen Sie nicht sofort, sondern entwickeln Sie eine Strategie, mit welcher Aufgabe Sie zuerst beginnen.
	▶ Sie starten mit der Aufgabe, die Sie am besten lösen können und gestalten eine Rangfolge der zu bearbeitenden Aufgaben.
	▶ Die Aufgabe, die Sie am schlechtesten lösen können, heben Sie sich für den Schluss auf und dann kämpfen Sie.
	▶ Markieren Sie sich die Schlüsselbegriffe in den Aufgaben und versuchen Sie die Aufgabe vollständig zu erfassen.
	▶ Zeiteinteilung: Wenn z. B. 75 Minuten Prüfungszeit gegeben ist und fünf Aufgaben vorhanden sind, dann ergibt sich eine durchschnittliche Bearbeitungszeit von 15 Minuten pro Aufgabe. Sie sollten eine Pufferzeit von ca. 2-3 Minuten pro Aufgabe einplanen, so dass Sie vor der Abgabe der Klausur noch ca. 10 Minuten haben, um die Klausur durchzusehen, ob alle Aufgaben bearbeitet wurden und den Text nochmals prüfen.

5. Prüfungstipps

Kernphase der Bearbeitung	▶ Beachtung der Formalien: Nummerieren Sie jede Aufgabe
	▶ Beachten Sie die Vorgaben der IHK, dass nur die ersten gefragten Argumente bewertet werden.
	▶ Vermeiden Sie Wiederholungen, da die Prüfer bei der Korrektur dies bemerken.
	▶ Die Art der Fragestellung ist wesentlich:
	- **Nennen**: Nur Aufzählung erstellen und keine längeren Zusammenhänge abbilden
	- **Beschreiben**: Im Gegensatz zum Nennen werden hier ganze zusammenhängende Sätze erwartet. Jedoch müssen keine Begründungen oder Erläuterungen gegeben werden.
	- **Erläutern oder erklären**: Bei derartigen Fragestellungen werden explizit Begründungen, Zusammenhänge, Gemeinsamkeiten, Unterschiede, Vor- und Nachteile, eigene Stellungnahme, Auswertungen und Schlussfolgerungen verlangt.
	- **Entwickeln, erarbeiten, erstellen**: Bei dieser Art der Aufgabenstellung werden höhere Ansprüche an den Prüfungskandidaten gestellt. Hierbei müssen keine Sachverhalte oder Wissen wiedergegeben werden, sondern ein eigener Ansatz sollte aufgestellt werden. Der Zweck derartiger Aufgaben besteht darin, zu prüfen, ob die Zusammenhänge verstanden wurden oder Wissen angewendet werden kann.
Schlussphase in der Prüfung	▶ Prüfen Sie, ob alle Aufgaben beantwortet wurden.
	▶ Prüfen Sie, ob die Aufgaben nummeriert sind.
	▶ Geben Sie nicht vorzeitig ab. Nutzen Sie jede Minute und kämpfen Sie bis zum Schluss.
nach der Prüfung	▶ Austausch mit den anderen Prüfungsteilnehmern: Vermutlich haben die Prüfungskollegen andere Lösungen. Bleiben Sie stabil und lassen Sie sich nicht „wirr" machen.
	▶ Lösen Sie sich Schritt für Schritt von der Prüfung. Evtl. träumen Sie in der Nacht oder die Nächte nach der Prüfung von den Aufgaben und entwickeln evtl. Ängste. Versuchen Sie, durch Entspannungsübungen, Sport, Ablenkungen (Musik), Arbeit usw. sich mit anderen Gedanken wieder vertraut zu machen. Akzeptieren Sie, dass Sie Ihre Antworten nicht mehr ändern können.

Bewertung der Aufgaben

Nachfolgend werden Beispiele einer Bewertung von Prüfungsaufgaben dargelegt.

Die Aufgabe lautet: Erläutern Sie zwei Möglichkeiten, um das Bruttoinlandsprodukt zu steigern. (6 Punkte)

Mögliche Antworten des Prüfungskandidaten	Bewertung
„Steuern runter, damit mehr gekauft wird."	Erläutern bedeutet, dass Zusammenhänge aufgezeigt werden sollen, was hier nur sehr eingeschränkt der Fall ist. Mängel bei der Antwort: ► Fachsprache fehlt: Welche Steuern? Umsatzsteuer, Einkommensteuer? ► Mehr gekauft wird? Fachsprache fehlt: Richtig wäre: Der Konsum nimmt zu. ► Der Zusammenhang Konsum und Bruttoinlandsprodukt (siehe Aufgabenstellung) wurde auch nicht erläutert. Bei zwei Antwortmöglichkeiten würden die Punkte auf 2 · 3 Punkte verteilt werden. Ein Punkt Abzug pro Mangel: Drei Punkte abzüglich zwei Punkte. Bei dieser Teilantwort würde ein Punkt (evtl. je nach Prüfer ein halber Punkt) vergeben werden.
„Staat muss mehr ausgeben"	- „Muss mehr ausgeben" nicht genauer erläutert. Richtig wäre: die Staatsausgaben, z. B. für Infrastrukturmaßnahmen (Brücken, Schulen), sollten steigen. - Der Zusammenhang zur Steigerung des Bruttoinlandsprodukts fehlt (siehe Aufgabenstellung). Zwei Punkte Abzug für die Mängel. Es verbleibt ein Punkt.

6. Last and Quick Check: Aufgaben und Lösungen

Nachfolgend werden *ausgewählte* Aufgaben aus dem DIHK-Rahmenplan zum „Geprüften Wirtschaftsfachwirt/Geprüfte Wirtschaftsfachwirtin IHK" im Fach „Volks- und Betriebswirtschaftslehre" vorgestellt. Für den Leser bietet dieser letzte (last) und schnelle (quick) Test eine Möglichkeit, sein Können und sein Wissen *exemplarisch* zu überprüfen.

Aufgabe 1
Erläutern Sie das Maximumprinzip anhand eines Beispiels.

Lösung s. Seite 94

Aufgabe 2
Erläutern Sie den Begriff „Opportunitätskosten" mit einem Beispiel.

Lösung s. Seite 94

Aufgabe 3
Nennen Sie drei Annahmen des Modells der vollständigen Konkurrenz.

Lösung s. Seite 94

Aufgabe 4
Wie lautet das „Gesetz der normalen Nachfrage"?

Lösung s. Seite 94

Aufgabe 5
Erläutern Sie die Schritte, wie auf einem Gütermarkt ein Nachfrageüberhang in ein Marktgleichgewicht mündet.

Lösung s. Seite 94

Aufgabe 6
Nennen Sie jeweils zwei Gründe, warum sich eine Nachfrage- und Angebotskurve nach rechts verschiebt.

Lösung s. Seite 94

Aufgabe 7
Erläutern Sie die Bedeutung der Nachfrageelastizität von - 3.

Lösung s. Seite 95

Aufgabe 8
Der Butterpreis steigt um 10 %. Wie verhält sich die Nachfrage nach Margarine, wenn eine Nachfrageelastizität von + 3 vorliegt?

Lösung s. Seite 95

Aufgabe 9
Erläutern Sie zwei Funktionen des Wettbewerbs.

Lösung s. Seite 95

Aufgabe 10

Erläutern Sie eine Folge sowie einen Vorteil des Mindestpreises auf dem Arbeitsmarkt.

Lösung s. Seite 95

Aufgabe 11

Erläutern Sie je einen Vor- und einen Nachteil von Subventionen für Unternehmen.

Lösung s. Seite 95

Aufgabe 12

Nennen Sie drei Aufgaben der Volkswirtschaftlichen Gesamtrechnung.

Lösung s. Seite 96

Aufgabe 13

Nennen Sie zwei Möglichkeiten, um das Bruttoinlandsprodukt zu ermitteln.

Lösung s. Seite 96

Aufgabe 14

Erläutern Sie zwei Kritikpunkte am Bruttoinlandsprodukt.

Lösung s. Seite 96

Aufgabe 15

Erläutern Sie drei Merkmale eines Aufschwungs.

Lösung s. Seite 96

Aufgabe 16

Erklären Sie den Zielkonflikt zwischen Arbeitslosenquote und Inflationsrate im Rahmen des „magischen Vierecks".

Lösung s. Seite 96

Aufgabe 17

Erläutern Sie je einen Vor- und Nachteil von Wirtschaftswachstum.

Lösung s. Seite 96

Aufgabe 18

In einer Volkswirtschaft senkt die Zentralbank den Leitzinssatz. Erläutern Sie die Wirkungen auf die Volkswirtschaft.

Lösung s. Seite 96

Aufgabe 19

Nennen Sie je einen Vor- und Nachteil von Inflation.

Lösung s. Seite 97

Aufgabe 20

Nennen Sie je einen Vor- und Nachteil der Staatsverschuldung.

Lösung s. Seite 97

Aufgabe 21
Erklären Sie die „Zweiseitigkeit" einer Erhöhung der Löhne für Unternehmen und private Haushalte.

Lösung s. Seite 97

Aufgabe 22
Erläutern Sie zwei Möglichkeiten, wie ein Staat Umweltpolitik betreiben kann.

Lösung s. Seite 97

Aufgabe 23
Nennen Sie zwei Vorteile von Freihandel.

Lösung s. Seite 97

Aufgabe 24
Erläutern Sie die Folgen einer Abwertung des Euros gegenüber dem US-Dollar.

Lösung s. Seite 97

Aufgabe 25
Nennen Sie vier Grundfreiheiten des Europäischen Binnenmarktes.

Lösung s. Seite 97

Aufgabe 26
Erläutern Sie, welche grundsätzlichen Möglichkeiten ein Unternehmen hat, Teile zu beschaffen.

Lösung s. Seite 97

Aufgabe 27
Nennen Sie die Phasen der Existenzgründung.

Lösung s. Seite 98

Aufgabe 28
Erläutern Sie die Haftung der Gesellschafter einer GmbH vor der Eintragung ins Handelsregister.

Lösung s. Seite 98

Aufgabe 29
Erläutern Sie zwei Ziele von Kooperationen.

Lösung s. Seite 98

Aufgabe 30
Nennen Sie drei „Hardcore-Kartelle".

Lösung s. Seite 98

Lösungen

Lösung Aufgabe 1

Mit einem gegebenen Einsatz (Input) von Arbeit und Kapital wird eine maximale Menge produziert.

Beispiel: Ein mittelständisches Unternehmen kann mit 20 Mitarbeitern und 10 Maschinen maximal 500 Stück eines Bauteils pro Tag herstellen.

Lösung Aufgabe 2

Opportunitätskosten stellen den Verzicht auf die zweitbeste Möglichkeit dar.

Beispiel: Es sind zwei Nachfrager für ein Seegrundstück vorhanden. Nachfrager A erhält das Seegrundstück und verzichtet auf das Geld (zweitbeste Möglichkeit). Das Geld für den Grundstückskauf behält Nachfrager B; er verzichtet jedoch auf das Seegrundstück (zweitbeste Möglichkeit).

Lösung Aufgabe 3

Polypol, homogene Güter, keine persönlichen Präferenzen

Lösung Aufgabe 4

Wenn der Preis steigt, dann sinkt die Nachfragemenge und umgekehrt.

Lösung Aufgabe 5

Bei einem Nachfrageüberhang steigt der Preis. Somit bieten die Unternehmer mehr Güter auf dem Markt an, da sie den Gewinn maximieren möchten. Aufgrund des steigenden Preises reduziert sich die nachgefragte Menge. Die Prozesse auf der Angebots- und Nachfrageseite werden vollzogen, bis das Marktgleichgewicht erreicht ist und kein Nachfrageüberhang mehr besteht.

Lösung Aufgabe 6

Rechtsverschiebung der Nachfragekurve:

- Zahl der Nachfrager steigt
- Fall Substitutionsgüter: Butter, Margarine

    Preis für Butter steigt, Butternachfrage sinkt, Nachfrage nach Margarine steigt.
    Die Nachfragekurve für Margarine verschiebt sich bei konstantem Preisniveau nach rechts.

Abb. 6.1   Verschiebung Nachfragekurve bei Substitutionsgütern

[Diagramm: Margarinepreis p auf der y-Achse, Margarinemenge x auf der x-Achse. Zwei fallende Nachfragekurven N_1 und N_0, wobei N_0 rechts von N_1 liegt. Ein Pfeil zeigt die Rechtsverschiebung. Beim Preis p_0 werden die Mengen x_0 und x_1 angezeigt.]

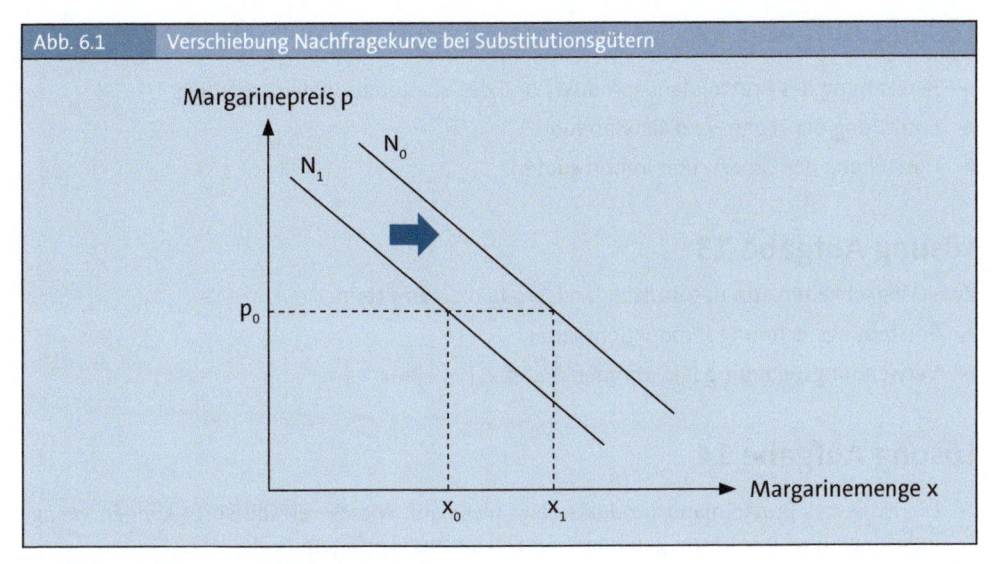

Rechtsverschiebung der Angebotskurve:

▶ Zahl der Anbieter steigt

▶ Produktivitätssteigerungen der Anbieter

Lösung Aufgabe 7

Eine Nachfrageelastizität von - 3 bedeutet, dass bei einer Preiserhöhung von einem Prozent die Nachfrage um 3 % zurückgeht.

Lösung Aufgabe 8

Der Butterpreis steigt um 10 %. Bei einer Nachfrageelastizität von + 3 steigt die Nachfragemenge nach Margarine um 30 %.

$$\text{Kreuzpreiselastizität} = \frac{+\,30\,\%\ (\text{Margarine-Nachfragemenge})}{+\,10\,\%\ (\text{Butterpreis})} = 3 > 0$$

Lösung Aufgabe 9

▶ Wenn in einem Markt mehr Wettbewerb vorhanden ist, dann haben die Nachfrager mehr Auswahl und können das „beste" Angebot aussuchen.

▶ Aufgrund des Wettbewerbs in einem Markt kann der Preis sinken und die Nachfrager können günstiger einkaufen.

Lösung Aufgabe 10

Der Mindestpreis ist über dem Marktgleichgewichtspreis. Es entsteht ein Angebotsüberhang. Das Angebot auf dem Arbeitsmarkt sind die unselbstständigen Beschäftigten. Die Folge des Mindestpreises ist Arbeitslosigkeit in Höhe des Angebotsüberhangs.

Ein Vorteil des Mindestpreises ist, dass die Beschäftigten einen höheren Lohn erhalten, der die Existenz sichern kann.

Lösung Aufgabe 11

Vorteil von Subventionen: Der Preis auf dem Markt sinkt, da die subventionierten Unternehmen günstiger anbieten können. Der niedrigere Preis kommt dem Nachfrager zugute.

Nachteil von Subventionen: Unternehmen, die aus eigener Leistung nicht wettbewerbsfähig auf einem Markt sind, werden künstlich durch staatliche Subventionen aufrechterhalten. Bei einem Wegfall der Subventionen wären sie nicht mehr wettbewerbsfähig.

Lösung Aufgabe 12

- Berechnung des Bruttoinlandsprodukts und des Bruttonationaleinkommens
- Ermittlung der „Lohn- und Gewinnquote"
- Darstellung der Export- und Importquoten

Lösung Aufgabe 13

Zwei Möglichkeiten, um das Bruttoinlandsprodukt zu ermitteln:

- Entstehungsrechnung (Produktionsseite)
- Verwendungsrechnung (Einkommensseite)

Lösung Aufgabe 14

- Die Höhe des Bruttoinlandsprodukts zeigt nicht auf, wie es verteilt ist. Es können wenige Individuen über viel Vermögen und/oder Einkommen verfügen.
- Nachbarschaftshilfe, Do-it-yourself usw. werden nicht mit dem Bruttoinlandsprodukt erfasst.

Lösung Aufgabe 15

1. Die privaten Konsumausgaben nehmen zu.
2. Die Absatzerwartungen der Unternehmen steigen und sie investieren mehr.
3. Die Preise steigen durch die erhöhte Konsumnachfrage.

Lösung Aufgabe 16

Ein Zielkonflikt im Rahmen des „magischen Vierecks" besteht aus den beiden Zielen „Arbeitslosenquote" und „Inflationsrate".

Wenn die Inflationsrate hoch ist, wird i. d. R. der Zinssatz in einer Volkswirtschaft erhöht. Dadurch sinkt die Investitionsnachfrage und es tritt ein dämpfender Effekt auf das Bruttoinlandsprodukt ein. Somit kann die Arbeitslosigkeit nicht reduziert wird. Sie wird bei einer Zinssatzerhöhung tendenziell ansteigen, sodass das Ziel „hoher Beschäftigungsstand, geringe Arbeitslosenquote" nicht erreicht wird.

Lösung Aufgabe 17

Vorteil: Wenn die Wirtschaft wächst, nimmt der Staat mehr Steuern ein. Die Umsatzsteuer erhöht sich, weil mehr Konsumausgaben getätigt werden.

Nachteil: Durch das Wirtschaftswachstum werden mehr Ressourcen verbraucht. Die Abfälle können auch zunehmen.

Lösung Aufgabe 18

Die Zentralbank einer Volkswirtschaft senkt den Leitzinssatz.

Folgen:

- Die Kredite der Geschäftsbanken werden günstiger.
- Dadurch steigen die Investitionen.
- Die gesamtwirtschaftliche Nachfrage steigt.
- Das Bruttoinlandsprodukt wächst.
- Ein Aufschwung kann sich einstellen.

Lösung Aufgabe 19

Vorteil: Staat hat höhere Steuereinnahmen

Nachteil: Bezieher von fixen Einkommen über bestimmte Zeitintervalle, wie z. B. Rentner, erhalten real weniger Rente

Lösung Aufgabe 20

Vorteil: Der Staat kann durch Konjunkturprogramme, die über Staatsverschuldung finanziert werden, die Nachfrage impulsieren, sodass die Wirtschaft wachsen kann.

Nachteil: Nachfolgende Generationen werden mit dem Kapitaldienst (Zinsen, Tilgung) der Verschuldung belastet.

Lösung Aufgabe 21

Eine Lohnerhöhung muss volkswirtschaftlich aus zwei Blickwinkeln betrachtet werden.

Unternehmen: Die Kosten steigen durch eine Lohnerhöhung.

Private Haushalte: Die Lohnerhöhung führt zur Möglichkeit von höheren Konsumausgaben, um die gesamtwirtschaftliche Nachfrage zu impulsieren. Die Unternehmen profitieren auch durch die erhöhte Konsumnachfrage, weil der Absatz zunimmt.

Lösung Aufgabe 22

- Durch Steuern, z. B. auf Benzin, kann der Staat die Nachfrage reduzieren. Somit werden die Ressourcen geschont.
- Durch Umweltgesetze können Umweltschäden, z. B. Emissionen oder Immissionen, reduziert werden.

Lösung Aufgabe 23

- Durch Freihandel haben die Konsumenten einer Volkswirtschaft mehr Auswahl.
- Der Wettbewerb nimmt durch den Freihandel zu, sodass die Preise sinken und die Konsumenten günstiger einkaufen können.

Lösung Aufgabe 24

Durch eine Abwertung des Euros gegenüber dem US-Dollar nehmen die Güterexporte zu und die Güterimporte ab.

Lösung Aufgabe 25

freier Warenverkehr, freier Personenverkehr, freier Kapitalverkehr, freier Dienstleistungsverkehr

Lösung Aufgabe 26

- Ein Unternehmen kann Teile auf Lager beschaffen. Damit ist Kapital gebunden und weniger Liquidität vorhanden.
- Teile können via Just-in-time beschafft werden. Es wird ein Rahmenvertrag abgeschlossen und das Unternehmen ruft bei Bedarf Teilmengen ab, die zur richtigen Zeit, am richtigen Ort und mit der richtigen Menge vom Lieferanten bereitgestellt werden.
- Bei Einzelfertigung erfolgt eine fallweise Beschaffung. Ein ausgeprägtes Lager ergäbe keinen Sinn, da die Teile nicht regelmäßig benötigt werden.

Lösung Aufgabe 27

Impuls für die Gründung, Geschäftsidee, Gründungsvarianten, fachliche und persönliche Eigenschaften des Gründers, Planungsphase, Gründen, Nachgründungsphase

Lösung Aufgabe 28

Die Gesellschafter einer GmbH haften vor der Eintragung ins Handelsregister unbeschränkt mit dem Gesellschafts- und Privatvermögen sowie solidarisch.

Lösung Aufgabe 29

Ein Ziel von Kooperationen besteht darin, den technischen Fortschritt zu fördern. Durch Kooperationen können günstigere Einkaufskonditionen verhandelt werden.

Lösung Aufgabe 30

Hardcore-Kartelle sind: Preiskartell, Quotenkartell, Gebietskartell.

GLOSSAR

Arbeitsproduktivität

Betriebswirtschaftlich: Umsatz/Beschäftigte

Volkswirtschaftlich: (Reales) Bruttoinlandsprodukt/Erwerbstätige oder je Erwerbstätigenstunde

Außenbeitrag

Exporte abzüglich Importe

Außenwirtschaftliches Gleichgewicht

Die Exporte sollten den Importen entsprechen. Deutschland hat seit vielen Jahren einen Exportüberschuss, der einer Kritik unterliegt.

Binnenmarkt

Basiert auf den vier Grundfreiheiten „freier Warenverkehr, freier Personenverkehr, freier Kapitalverkehr, freier Dienstleistungsverkehr". Die Grundidee des Binnenmarktes ist der Freihandel ohne tarifäre (Zölle) und nichttarifäre (z. B. Bürokratie) Handelshemmnisse.

Businessplan

Ein Businessplan zur Gründung eines neuen Unternehmens sollte folgende Kapitel umfassen:

Zusammenfassung (Excecutive Summary), Gründerperson, Geschäftsidee, Markt und Wettbewerb, Marketing, Organisation und Mitarbeiter, Rechtsform, Chancen und Risiken, Finanzplanung und Finanzierung, Unterlagen.

Bruttowertschöpfung

Begriff der Volkswirtschaftlichen Gesamtrechnung. Bei einem sektoralen Produktionskonto werden die Güterverkäufe an Unternehmen, private Haushalte, Staat und Ausland, die Bestandsveränderungen an eigenen Erzeugnissen sowie selbsterstellte Anlagen addiert und die Vorleistungskäufe (Verbrauch an Roh-, Hilfs- und Betriebsstoffen, Vorprodukte) abgezogen. Das Ergebnis ist die Bruttowertschöpfung.

Controlling

Die Aufgaben des Controllings sind: Planung (Soll), Kontrolle (Soll-Ist-Vergleich), Information (Reporting), Steuern (Maßnahmen, Projekte).

To control bedeutet „steuern".

Einlagefazilität

Geschäftsbanken können bei der Zentralbank zu einem bestimmten Zinssatz Geld bis zu einem Geschäftstag anlegen. Die Einlagefazilität bildet die Untergrenze des Marktes für Tagesgeldzinssätze.[1]

Entstehungsrechnung

In der Volkswirtschaftlichen Gesamtrechnung werden die Bruttowertschöpfungen aller Wirtschaftsbereiche (Landwirtschaft, Baugewerbe usw.) sowie die Gütersteuern addiert und die Gütersubventionen abgezogen. Das Ergebnis ist das Bruttoinlandsprodukt zu Marktpreisen.

Europäische Zentralbank (EZB)

Die EZB hat ihren Sitz in Frankfurt am Main. Der EZB-Rat ist oberstes Beschlussorgan (6 Mitglieder des EZB-Direktoriums, Präsidenten der Länder des Euro-Währungsgebietes). Der EZB-Rat bestimmt die Geldpolitik des Eurosystems.

Europäisches System der Zentralbanken: EZB, nationale Zentralbanken aller EU-Mitgliedsstaaten[1]

---

[1] Vgl. Deutsche Bundesbank, Glossar, 2021, Abruf 09.06.2021.

Glossar

Fazilität
Möglichkeit der Geldanlage oder Kreditaufnahme; siehe auch Einlagefazilität, Spitzenrefinanzierungsfazilität

Freihandel
Internationaler Austausch von Waren und Dienstleistungen ohne Zölle (tarifäre Handelshemmnisse) und Handelsbeschränkungen (nicht-tarifäre Handelshemmnisse, z. B. Bürokratie).

Geldmenge
Geldbestand der **Nicht**banken. Es gibt die Geldmengenaggregate M1, M2 und M3. Die Beobachtung der Entwicklung der Geldmenge ist im Rahmen der Quantitätsgleichung wichtig, damit die Aufgabe der EZB erfüllt werden kann, Preisniveaustabilität zu gewährleisten. Die Geldmenge ist von der Zentralbankgeldmenge zu unterscheiden.[1]

Geldpolitik
Geldpolitische Instrumente der EZB sind Offenmarktgeschäfte, Einlagefazilitäten, Spitzenrefinanzierungsfazilitäten und Mindestreserven.

Geldschöpfung
Zentralbank schafft Zentralbankgeld durch eine Kreditgewährung an eine Geschäftsbank oder durch den Ankauf von Vermögenswerten. Den Geschäftsbanken wird Zentralbankgeld gutgeschrieben.

Geschäftsbanken können kein Zentralbankgeld schaffen, sondern nur Buchgeld, indem eine Geschäftsbank einer Nichtbank einen Kredit gewährt und der Nichtbank der Kredit als Sichteinlage gutgeschrieben wird.

Giffen-Gut
Bei steigendem Preis fragen die Individuen mehr Waren oder Dienstleistungen nach. Das ist eine anormale Nachfragereaktion.

Gütersteuer
Dazu gehören die mengen- und wertabhängigen Steuern, wie z. B. nichtabzugsfähige Umsatzsteuer, Zölle, Energiesteuer, Stromsteuer, Tabaksteuer, Versicherungssteuer.[2]

Handelshemmnisse
tarifäre Handelshemmnisse: Zölle

nicht-tarifäre Handelshemmnisse: Mengenkontingente beim Export und Import, Sicherheitsvorschriften, Normen, Bürokratie

Hauptrefinanzierungsgeschäft
Die EZB stellt den Geschäftsbanken gegen Hinterlegung von Sicherheiten Zentralbankgeld durch ein Offenmarktgeschäft mit wöchentlicher Laufzeit zur Verfügung. Das Hauptrefinanzierungsgeschäft ist das wichtigste geldpolitische Instrument der EZB. Damit werden die Zinssätze und die Liquidität am Geldmarkt gesteuert.[3]

Höchstpreis
Preisniveau liegt **unter** dem Marktpreis. Dadurch entsteht ein Nachfrageüberhang, z. B. durch Mietpreisdeckelung auf dem Wohnungsmarkt.

Inlandskonzept
Wert der im Inland von In- und Ausländern produzierten Güter

---

[1] Vgl. Deutsche Bundesbank, Glossar, 2021, Abruf 09.06.2021.
[2] Statistisches Bundesamt, Volkswirtschaftliche Gesamtrechnungen 2019, Fachserie 18, Reihe 1.4, 2020, S. 23.
[3] Vgl. Deutsche Bundesbank, Glossar, 2021, Abruf 10.06.2021.

Inländerkonzept

Wert der von Inländern (= ständiger Wohnsitz im Inland) im In- und Ausland geschöpften Einkommen

Kartell

Kartelle dienen dazu, den Wettbewerb zu beschränken. Preiskartelle, Quotenkartelle und Gebietskartelle sind verboten. Kartelle sind erlaubt, wenn z. B. der technische Fortschritt gefördert wird. Ausnahmen vom Kartellverbot gibt es auch für kleine und mittelständische Unternehmen sowie verschiedene Branchen, z. B. Landwirtschaft.

Kaufkraft

Welche Gütermenge kann mit einer Geldeinheit gekauft werden. Steigen die Preise bei z. B. konstantem Nominaleinkommen, dann kann der Konsument weniger Güter kaufen. Das Realeinkommen (Nominaleinkommen abzüglich Preissteigerungsrate) ist für die Kaufkraft maßgeblich.

Knappheit

Knappheit kann bei Ressourcen (Öl, Holz, Stahl usw.) entstehen. Auf dem Arbeitsmarkt können Fachkräfte (z. B. Berufskraftfahrer, Pflegekräfte) fehlen. Die Produzenten erzeugen nur eine bestimmte Menge an Gütern. Aufgrund der Knappheit ist die Nachfrage größer als das Angebot. Der Knappheitsindikator ist der Preis.

Kreuzpreiselastizität

Wenn der Preis (Ursache) von Gut A steigt, dann verändert sich die Menge (Wirkung) von Gut B. Die Ursache- und Wirkungsbeziehung betrifft zwei unterschiedliche Güter.

Leistungsbilanz

Teil der Zahlungsbilanz. Leistungsbilanz besteht aus den Teilbilanzen Warenhandel, Dienstleistung, Primäreinkommen und Sekundäreinkommen.

Leitzinssatz

Die EZB legt Zinssätze (Hauptrefinanzierungsfazilität, Einlagefazilität, Spitzenrefinanzierungsfazilität) fest. Mit diesem geldpolitischen Instrumentarium wird der Geldmarkt gesteuert und das Zinsniveau beeinflusst, um Preisniveaustabilität zu gewährleisten.

Magisches Viereck

Die Ziele des magischen Vierecks sind: hoher Beschäftigungsstand, Preisniveaustabilität, außenwirtschaftliches Gleichgewicht, stetiges und angemessenes Wirtschaftswachstum. Manche Ziele sind konfliktär, z. B. hoher Beschäftigungsstand und Preisniveaustabilität.

Markt

Ort, an dem sich Angebot und Nachfrage treffen. Es gibt verschiedene Märkte, z. B. Arbeitsmarkt, Geldmarkt, Gütermarkt usw.

Marktwirtschaft

Die freie Marktwirtschaft präferiert das freie Spiel von Angebot und Nachfrage. Das individuelle Eigentum, die dezentrale Planung sowie die Abwicklung der wirtschaftlichen Aktivitäten über Verträge sind wesentliche Merkmale der freien Marktwirtschaft. Der Staat spielt beim Idealtypus der freien Marktwirtschaft eine zurückgezogene Rolle und soll sich nur um die innere und äußere Sicherheit kümmern.

Die soziale Marktwirtschaft besteht aus Elementen der freien Marktwirtschaft, erlaubt jedoch einen Eingriff des Staates, um die sozialen Härten der freien Marktwirtschaft auszugleichen. Daher betreibt der Staat z. B. Verteilungspolitik und Sozialpolitik.

Mengentender

Die EZB bestimmt den Zinssatz und die abzugebende Zentralbankgeldmenge an die Geschäftsbanken. Sollte die Nachfrage nach Zentralbankgeld der Geschäftsbanken größer sein als das Angebot der EZB, dann erhalten die Banken nur eine Teilmenge ihrer Nachfrage (Repartierung). Seit der Finanzkrise setzt die EZB den Mengentender ein.

Mindestpreis

Der Mindestpreis ist **über** dem Marktgleichgewichtspreis. Dadurch entsteht ein Angebotsüberhang.

Mindestreserve

Die Geschäftsbanken müssen bei der EZB derzeit 1 % der Giralgeldeinlagen hinterlegen. Mit der Mindestreserve hat die EZB ein geldpolitisches Instrument, um den Geld- und Kapitalmarkt zu beeinflussen.[1]

Nachfrage

normale Nachfrage: Preis steigt, nachgefragte Menge sinkt und umgekehrt

anormale Nachfrage: Preis steigt, nachgefragte Menge steigt und umgekehrt

Nettoinvestition

Zusätzliche Investitionen, die zum Wachstum in einer Volkswirtschaft beitragen.

Offenmarktgeschäft

Die EZB kann den Geschäftsbanken Liquidität in Form von Zentralbankgeld zur Verfügung stellen oder entziehen. Ein Instrument ist das Hauptrefinanzierungsgeschäft.[1]

Planung

Planung ist die „geistige Vorwegnahme zukünftigen Handelns".

strategische Planung: Effektivität („Doing the right things"), Planungszeitraum: ab ca. 5 Jahre, tendenziell qualitative Kriterien

operative Planung: Effizienz („Doing the things right"), Planungszeitraum: bis 1 Jahr; quantitative Kriterien

Price taker

Im Rahmen des vollkommenen Wettbewerbs (viele Anbieter, viele Nachfrager) kann der Anbieter aufgrund der großen Zahl von Konkurrenten den Preis auf dem jeweiligen Markt nicht beeinflussen. Er muss den Preis „(hin-)nehmen". Der Anbieter kann nur als Mengenanpasser agieren. Das bedeutet, dass er den Umsatz steigern kann, wenn er bei gegebenem Preis die Menge erhöht.

Produktionsfaktoren

Volkswirtschaftslehre: Boden, Arbeit, Kapital

Betriebswirtschaftslehre: Elementarfaktoren (Arbeit, Betriebsmittel, Werkstoffe), dispositive Faktoren (Planung, Organisation, Kontrolle)[2]

Protektionismus

Der Freihandel wird durch tarifäre und nicht-tarifäre Handelshemmnisse eingeschränkt.

Rendite

bei Staatsanleihen: Rendite = Ertrag/Kurs

bei Maschinen in Unternehmen: Rendite = Gewinn/Kapitaleinsatz

---

[1] Vgl. Deutsche Bundesbank, Glossar, 2021, Abruf 10.06.2021.
[2] Vgl. Wöhe, Günter, Einführung in die allgemeine Betriebswirtschaftslehre, 11. Auflage, Vahlen-Verlag, 1975, S. 61.

Rezession

Eine Rezession liegt vor, wenn das Bruttoinlandsprodukt in „mindestens zwei aufeinander folgenden Quartalen" rückläufig ist.[1]

Schuldenbremse

Nach Art. 109 Grundgesetz darf die jährliche Nettokreditaufnahme des Bundes 0,35 Prozent des Bruttoinlandsprodukts nicht überschreiten. In Krisensituationen, z. B. Corona-Pandemie, sind Ausnahmen möglich.

Spitzenrefinanzierungsfazilität

Mit diesem geldpolitischen Instrument können Geschäftsbanken Liquidität in Form von Zentralbankgeld von der EZB bis zum nächsten Geschäftstag gegen Sicherheiten erhalten. Die Spitzenrefinanzierungsfazilität stellt die Obergrenze für den Tagesgeldsatz auf dem Geldmarkt dar.

Stagflation

Stellt eine Kombination zwischen Stagnation der Produktion und Inflation dar. Die Inflation kann durch Erhöhung der Zinssätze gebremst werden. Durch Zinssatzerhöhungen wird die Stagnation der Produktion fortgeführt oder verschärft.

Standortfaktoren

harte Standortfaktoren: Lohnhöhe, Steuern, Zahl der Konsumenten

weiche Standortfaktoren: Freizeit, Wohnsituation für Mitarbeiter, Image des Standortes

Steuern

Steuern sind Zwangsabgaben ohne Gegenleistung.

direkte Steuern: Einkommensteuer, Körperschaftssteuer, Abgeltungsteuer für Kapitalerträge

indirekte Steuern: Mineralölsteuer, Stromsteuer, Tabaksteuer, Umsatzsteuer

Die direkte Steuer wird vom Steuerträger direkt an das Finanzamt abgeführt, während bei der indirekten Steuer z. B. der Endverbraucher die Steuer über den Verkaufspreis bezahlt, in dem die Steuer enthalten ist. Die Steuer wird vom verkaufenden Unternehmen an das Finanzamt abgeführt und somit besteht nur ein indirektes Verhältnis zwischen Finanzamt und Endverbraucher.

Strukturpolitik

Regionalpolitik: Der Staat fördert Regionen mit geringer wirtschaftlicher Aktivität.

Sektorale Strukturpolitik: Es werden Branchen (z. B. Kohle, Stahl) mit Subventionen durch den Staat versorgt, die nicht mehr wettbewerbsfähig sind.

Infrastrukturpolitik: Der Staat baut Bildungseinrichtungen, Straßen, Brücken und z. B. IT-Netze, um auch ländliche Regionen mit Internet zu versorgen.

SWOT-Analyse

In die Zellen kann der Unternehmer die entsprechenden Inhalte eintragen.

S= Strengths (Stärken)	W = Weaknesses (Schwächen)
O = Opportunities (Chancen)	T = Threats (Risiken)

System

Ein System besteht aus verschiedenen Elementen, die miteinander vernetzt sind. Ein Unternehmen ist ein System, da die Funktionsbereiche (Beschaffung, Forschung und Entwicklung, Produktion, Verwaltung, Vertrieb, IT, Logistik usw.) verknüpft sind. Die Verbindung zwischen den Funktionsbereichen erfolgt über Informationen und Kommunikation.

Ein Projektteam kann auch ein System sein. Der Interbankenmarkt stellt auch ein System dar, da sich die Banken gegenseitig Kredite geben und somit eine Verknüpfung erfolgt.

---

1 Vgl. Deutsche Bundesbank, Glossar, 2021, Abruf 11.06.2021.

Tender

Mit einem Tender (Ausschreibungsverfahren) stellt die EZB den Geschäftsbanken Liquidität durch Zentralbankgeld zur Verfügung oder kann den Geschäftsbanken Zentralbankgeld entziehen. Der Standardtender (Abwicklung innerhalb von 3 Tagen) wird z. B. für Hauptrefinanzierungsgeschäfte eingesetzt, während Schnelltender (Abwicklung innerhalb von Stunden) für Feinsteuerungsoperationen verwendet werden.[1]

Transfereinkommen

Im Rahmen der sekundären Einkommensverteilung kann der Staat durch politische Entscheidungen Kindergeld, Wohngeld usw. leisten.

Trust

Fusion mit marktbeherrschender Stellung

Umlaufgeschwindigkeit

Gemäß der Quantitätsgleichung stellt die Umlaufgeschwindigkeit das Verhältnis zwischen nominalem Bruttoinlandsprodukt und einem Geldmengenaggregat (z. B. M3) dar. „Die Umlaufgeschwindigkeit des Geldes gibt an, wie oft eine Geldeinheit pro Periode durchschnittlich zur Bezahlung von Gütern eingesetzt wird."[2]

Umweltpolitik

Ein Staat kann Umweltpolitik durch Preispolitik (z. B. Ökosteuer, CO_2-Steuer), Mengenpolitik (CO_2-Zertifikate), Gesetzgebung (z. B. Umweltgesetze), Verbote (z. B. Dieselfahrverbot) und Aufklärung über die Umweltschäden betreiben.

Veblen-Gut

Der Nachfrager kauft bei höherem Preis. Veblen beobachtet diese anormale Nachfrage bei höheren Einkommensschichten.

Verbraucherpreisindex

Der Verbraucherpreisindex stellt ein wichtiges Maß für die Messung der Inflationsrate von Waren und Dienstleistungen für Verbraucher dar, und ist für die Zentralbank, Forschungsinstitute, Tarifvertragsparteien usw. relevant. Aufgrund der Entwicklung des Verbraucherpreisindex kann auf die Kaufkraft geschlossen werden. Der Verbraucherpreisindex zeigt nur eine Teilmenge der Preisentwicklung, da die Immobilienpreise, Kursentwicklungen von Aktien sowie sonstige Wertentwicklungen von Geldanlagen nicht integriert sind. Zudem stellt der Verbraucherpreisindex einen „gewogenen Durchschnittswert" dar. Manche Verbraucher empfinden die „subjektive" Inflationsrate meist höher als die offiziell ausgewiesene Preissteigerungsrate. Jeder Verbraucher konsumiert ein anderes Güterbündel, sodass die Verbraucher sich ihre individuelle Inflationsrate berechnen müssten.

Im Euro-Raum wird der HVPI (harmonisierte Verbraucherpreisindex) zur Steuerung der Geldmenge verwendet.

Verteilungspolitik

In einer Volkswirtschaft kann Verteilungspolitik z. B. durch die Steuerpolitik (Vermögenssteuer, Steuertarif), Transferzahlungen oder die Bildungspolitik realisiert werden.

Verwendungsrechnung

Die Verwendung des Bruttoinlandsprodukts kann durch Konsumausgaben (private Konsumausgaben, Konsumausgaben des Staates), Bruttoinvestitionen (Bruttoanlageinvestitionen, Vorratsveränderungen) und durch den Außenbeitrag (Exporte – Importe) erfolgen.

---

[1] Vgl. Deutsche Bundesbank, Glossar, 2021, Abruf 13.06.2021.
[2] Deutsche Bundesbank, Glossar, 2021, Abruf 13.06.2021.

Wachstum

Das Wachstum einer Volkswirtschaft kann mit der Veränderung des realen Bruttoinlandsprodukts abgebildet werden. Mit Wirtschaftswachstum werden zwar Arbeitsplätze gesichert oder ab einer „Beschäftigungsschwelle" von ca. 2,5 bis 3 % zusätzliche Arbeitsplätze geschaffen, jedoch ist damit auch ein zunehmender Verbrauch von Ressourcen und Umweltbelastungen verbunden.

Wechselkurs

Der Wechselkurs, der das Austauschverhältnis zwischen zwei Währungen abbildet, wird in Mengennotierung wie folgt notiert: z. B. 1,2123 US-Dollar/Euro

Der freie Wechselkurs wird nach Angebot und Nachfrage bestimmt.

Wechselkursmechanismus II

Wenn ein EU-Land am Europäischen Währungssystem teilnehmen will, dann muss es zwei Jahre am Wechselkursmechanismus II teilgenommen haben. Die Wechselkurse der Euro-Beitrittskandidaten-Länder müssen sich in einer Bandbreite (+/- 15 % bzw. Dänemark +/- 2,25 %) bewegen. Bei Wechselkursen außerhalb der Bandbreiten sind Devisenmarktinterventionen der relevanten Zentralbanken erforderlich.

Wettbewerb

Der Wettbewerb ist ein Kernmerkmal der freien Marktwirtschaft. Die Nachfrager haben die Auswahl, durch Konkurrenzdruck können die Preise sinken sowie die Qualität sich erhöhen.

Wettbewerbspolitik

Der Staat versucht durch Gesetzgebung, z. B. Gesetz gegen Wettbewerbsbeschränkungen, Gesetz gegen den unlauteren Wettbewerb, den Wettbewerb aufrecht zu erhalten. Dabei sollen Monopole, Kartelle usw., welche den Wettbewerb eliminieren oder beschränken, vermieden werden.

Wirtschaftsordnung

Ein Staat kann aufgrund seiner Kultur, Geschichte oder der ökonomischen Verhältnisse einen Ordnungsrahmen festlegen, der sich durch Gesetze, Steuer- und Zollpolitik ausprägen kann. Die Wirtschaftsordnung stellt die Realisierung des Wirtschaftssystems dar.

Wirtschaftspolitik

Im Rahmen der Wirtschaftspolitik kann der Staat oder der Markt die Wirtschaft impulsieren. Bei der nachfrageorientierten Wirtschaftspolitik (nach Keynes) greift der Staat in die Wirtschaft ein, um Nachfragerückgänge, z. B. des privaten Konsums (Corona-Pandemie), durch zusätzliche Staatsausgaben auszugleichen. Der Grundsatz der nachfrageorientierten Wirtschaftspolitik lautet: mehr Staat, weniger Markt.

Die angebotsorientierte Wirtschaftspolitik sieht weniger Staat und mehr Markt (freies Spiel von Angebot und Nachfrage) vor.

Wirtschaftssystem

Ein Wirtschaftssystem stellt einen idealtypischen Ansatz dar. Dabei sind folgende ausgewählte Aspekte relevant: Was wird in der Volkswirtschaft produziert, wer lenkt die Produktionsfaktoren (Staat und/oder Markt) und wer entscheidet über die Einkommensverteilung (Staat und/oder Markt)? Ein Wirtschaftssystem bildet die Werte und grundsätzlichen Vorstellungen der politischen Akteure ab (mehr oder weniger Staat, siehe auch angebots- und nachfrageorientierte Wirtschaftspolitik).

Zahlungsbilanz

Die Zahlungsbilanz ist keine Bilanz im betriebswirtschaftlichen Sinn. Sie setzt sich aus der Leistungsbilanz, der Vermögensänderungsbilanz, der Kapitalbilanz und dem Saldo der statistisch nicht aufgliederbaren Transaktionen zusammen.[1]

---

1 Vgl. Deutsche Bundesbank, Glossar, 2021, Abruf 13.06.2021.

Zentralbankgeld

Die Europäische Zentralbank schafft Bargeld und Sichteinlagen, die z. B. Geschäftsbanken bei der Zentralbank positionieren. Die Sichteinlagen sind u. a. notwendig, um die Mindestreservepflicht der Geschäftsbanken zu erfüllen. Das Zentralbankgeld wird auch als „Geldbasis, Basisgeld" oder „Geldmenge M0" bezeichnet. Über das Zentralbankgeld stellt die Europäische Zentralbank den Geschäftsbanken Liquidität bereit oder entzieht den Geschäftsbanken Liquidität.[1]

Zentralverwaltungswirtschaft

Die Planung und Steuerung der Leistungserstellung in der Volkswirtschaft erfolgen zentral durch den Staat. Es gibt „volkseigene Betriebe" (VEB) und in der idealtypischen Form kein Privateigentum. Die Preise werden durch den Staat vorgegeben.

Ziele

Grundsätzlich kann zwischen volkswirtschaftlichen und betriebswirtschaftlichen Zielen unterschieden werden.

volkswirtschaftliche Ziele: siehe „Magisches Viereck"

betriebswirtschaftliche Ziele: Sie dienen zur Orientierung für die Führungskräfte und Mitarbeiter, zur Messbarkeit und zur Kontrolle. Es gibt verschiedene Zielarten (technisch, wirtschaftlich, sozial, quantitativ, qualitativ). Zwischen den Zielen können Konflikte, Harmonien und Indifferenzen vorhanden sein.

Zinstender

Im Rahmen von Offenmarktgeschäften können die Geschäftsbanken über eine Versteigerung der EZB einen Zinssatz für die gewünschte Zentralbankgeldmenge anbieten. Die Zentralbank legt das abzugebende Volumen der Zentralbankgeldmenge fest. Die höchsten Gebote erhalten den Zuschlag. Seit der Finanzkrise 2008/2009 hat die Zentralbank auf den Mengentender umgestellt.

---

1 Vgl. Deutsche Bundesbank, Glossar, 2021, Abruf 13.06.2021.

LITERATURVERZEICHNIS

Altmann, Volkswirtschaftslehre, 4. Auflage, Gustav Fischer Verlag, 1994

Büter, Außenhandel, 5. Auflage, SpringerGabler Verlag, 2020

Conrad, Wirtschaftspolitik, 2. Auflage, 2020

DGB, Verteilungsbericht 2021, S. 60-67

DIHK-Gesellschaft für berufliche Bildung, Formelsammlung 2022

Eisenschink, Volks- und Betriebswirtschaftslehre für Technische Betriebswirte, 2. Auflage, Kiehl-Verlag, 2021

Eisenschink, Finanzierung und Investition für Technische Betriebswirte, 2. Auflage, Kiehl-Verlag, 2022

Eisenschink, Controlling, 3. Auflage, Kiehl-Verlag, 2023

Eisenschink, Material-, Produktions- und Absatzwirtschaft für Technische Betriebswirte, Kiehl-Verlag, 2022

Eisenschink, Situationsaufgaben für Wirtschaftsfachwirte, 2. Auflage, 2019, Kiehl-Verlag, 2019

Huber/Rinnert, Rechtsformen und Rechtsformwahl, Recht, Steuern, Beratung, 2. Auflage, SpringerVerlag, 2019

Hutzschenreuter, Allgemeine Betriebswirtschaftslehre, Grundlagen mit zahlreichen Praxisbeispielen, 7. Auflage, Springer-Gabler-Verlag, 2022

Klimmer, Unternehmensorganisation, 3. Auflage, nwb-Verlag, 2012

Mankiw/Taylor, Grundzüge der Volkswirtschaftslehre, 8. Auflage, Schäffer-Poeschel Verlag Stuttgart, 2021

Meyer/Theile, Bilanzierung nach Handels- und Steuerrecht, 31. Auflage, 2021

Schmolke/Deitermann, Industrielles Rechnungswesen, 52. Auflage, 2023

Statistisches Bundesamt, Volkswirtschaftliche Gesamtrechnungen, Januar 2017, S. 19

Statistisches Bundesamt, Volkswirtschaftliche Gesamtrechnungen, Qualitätsbericht, 09/2022-09/2023, 2023

Statistisches Bundesamt, Volkswirtschaftliche Gesamtrechnungen 2022, Inlandsproduktberechnung, Detaillierte Jahresergebnisse, Fachserie 18, Reihe 1.4, 2023

Statistisches Bundesamt, Volkswirtschaftliche Gesamtrechnungen 2022 – Wichtige Zusammenhänge im Überblick, 2023, S. 31

Statistisches Bundesamt, Wichtige Zusammenhänge 2022, 2023

Stobbe, Steuern kompakt, 15. Auflage, Verlag Wissenschaft & Praxis, 2017

Bundeskartellamt, Bußgelder gegen Zuckerhersteller, https://www.bundeskartellamt.de/SharedDocs/Meldung/DE/Meldungen%20News%20Karussell/18_02_2014_Zucker.html, Abruf 10.12.2023

Bundeskartellamt, Jahresbericht 2022/23, https://www.bundeskartellamt.de/DE/UeberUns/Publikationen/Jahresbericht/jahresbericht_node.html, Abruf 10.12.2023

Bundesministerium für Wirtschaft und Energie, GründerZeiten 07 – Businessplan, 01/2021, https://www.bmwk.de/Redaktion/DE/Publikationen/Gruenderzeiten/infoletter-gruenderzeiten-nr-07-businessplan.html, Abruf 17.12.2023

Bundesregierung, https://www.bundesregierung.de/breg-de/aktuelles/30-jahre-binnenmarkt-2161802, Abruf 01.12.2023

Deutsche Bundesbank, https://www.bundesbank.de/de/bundesbank/eurosystem/europaeische-waehrungsunion/die-europaeische-waehrungsunion-604386, Abruf 01.12.2023

Deutsche Bundesbank, https://www.bundesbank.de/dynamic/action/de/startseite/glossar/723820/glossar?firstLetter=G&contentId=652346#anchor-652346

Deutsche Bundesbank, Glossar, https://www.bundesbank.de/action/de/723820/bbksearch?firstLetter=E, Abruf, 24.11.2023

Deutsche Bundesbank, Zahlen & Fakten rund ums Bargeld, März 2020, S. 19, https://www.bundesbank.de

Deutsche Bundesbank, Zahlungsverhalten in Deutschland 2021, 2022, https://www.bundesbank.de/resource/blob/894078/aebb75f424c02846677ba50b0501ec5e/mL/zahlungsverhalten-in-deutschland-2021-data.pdf, Abruf 24.11.2023

VERZEICHNIS Literatur

Europäische Kommission, Green Deal, https://commission.europa.eu/strategy-and-policy/priorities-2019-2024/european-green-deal/delivering-european-green-deal_de, Abruf 30.11.2023

Europäische Zentralbank, https://www.ecb.europa.eu/ecb/tasks/html/index.de.html, Abruf 24.11.2023

EuroStat, https://ec.europa.eu/eurostat/de/web/esa-2010/overview, Abruf 20.11.2023

Juraforum, https://www.juraforum.de/lexikon/umweltschutz-prinzipien-des-umweltrechts, Abruf 30.11.2023

Statistisches Bundesamt, https://www.destatis.de/DE/Presse/Pressemitteilungen/Zahl-der-Woche/2023/PD23_43_p002.html, Abruf 21.11.2023

Statistisches Bundesamt, https://www.destatis.de/DE/Themen/Branchen-Unternehmen/Unternehmen/Unternehmensregister/Tabellen/unternehmen-rechtsformen-wz08.html, Abruf 11.12.2023

Statistisches Bundesamt, https://www.destatis.de/DE/Themen/Wirtschaft/Volkswirtschaftliche-Gesamtrechnungen-Inlandsprodukt/Methoden/bip.html, Abruf 20.11.2023

Statistisches Bundesamt, https://www.destatis.de/DE/Themen/Wirtschaft/Volkswirtschaftliche-Gesamtrechnungen-Inlandsprodukt/Methoden/erlaeuterung-bruttonationaleinkommen.html, Abrufdatum 20.11.2023

Statistisches Bundesamt, https://www.destatis.de/DE/Themen/Wirtschaft/Volkswirtschaftliche-Gesamtrechnungen-Inlandsprodukt/Methoden/erlaeuterung-steuern.html, Abruf 20.11.2023

Statistisches Bundesamt, Verbraucherpreisindex für Deutschland, Qualitätsbericht, 2021, https://www.destatis.de/DE/Methoden/Qualitaet/Qualitaetsberichte/Preise/verbraucherpreis.pdf?__blob=publicationFile, Abruf am 23.11.2023

Umweltbundesamt, Der Europäische Emissionshandel, https://www.umweltbundesamt.de/daten/klima/der-europaeische-emissionshandel#teilnehmer-prinzip-und-umsetzung-des-europaischen-emissionshandels, Abruf 30.11.2023

STICHWORTVERZEICHNIS

Die angegebenen Zahlen verweisen auf die Seiten.

A

Absatz 57, 61 f.
Abschwung 31
Abwertung 53
Aktiengesellschaft 79
Alleinstellungsmerkmal 15, 61
Allokationsfunktion 17
Angebot 6, 13
– Angebotselastizität 13
– elastisches 13
– unelastisches 13
Angebotskurve 10
– Verschiebung 10
Angebotsmonopol 4, 16
– beschränktes 4
Angebotsoligopol 4
Angebotsüberhang 8
Anleihen 45
Anpassungsgeschwindigkeit 4
– unendlich schnelle 4
Arbeit 1, 34, 46
Arbeitnehmerentgelt 26 f.
Arbeitsangebot 48
Arbeitslosigkeit 31 f., 48
– konjunkturelle 32
– saisonale 32
– strukturelle 32
Arbeitsmarkt 4
Arbeitsmarktpolitik 32, 48
– aktive 32, 48
– passive 32, 48
Arbeitsnachfrage 48
Arbeitsproduktivität 18, 23, 43, 47
Arbeitsverteilung 59
Arbeitsvolumen 23
Aufbauorganisation 57
Aufschwung 31
Aufsicht 75 f.
Auftragsfertigung 60
Aufwertung 53
Auslandsverschuldung 45
Auslesefunktion 18
Außenbeitrag 24
Außenfinanzierung 65
Automatisierung 57

B

Balanced Scorecard 66
Bargeld 37
Baustellenfertigung 59
Bedarf 5
Bedürfnis 5
Beschäftigungsstand 32, 36
– hoher 32, 36
Beschaffungslogistik 61
Besteuerung 49, 75 f.
Betriebsmittel 57
Bilanz 64
Bildungssystem 46
Binnenmarkt 54
Boden 1, 34, 46
Boom 31
Bruttoinlandsprodukt 23 f., 29, 31, 43, 51
– nominales 31
– reales 31
Bruttoinvestitionen 24
Bruttonationaleinkommen 23
Bruttowertschöpfung 24
Buchführung 63
Bundeskartellamt 82 ff.
Bundessteuer 45
Business Model Canvas 73
Businessplan 71, 73
Bußgelder 82

C

Cap and Trade 49
Chancen 74
CO_2-Zertifikate 49
Controller 65
Controlling 57, 65
– operatives 65
– strategisches 65

D

Deckungsbeitrag 59
– relativer 59
Deficit Spending 50
Deflation 31, 43
Delphi-Methode 66
Depression 31
Devisen 52
Devisengeschäfte 38
Devisenmarkt 4

Dienstleistung 1
Dienstleistungsmarkt 4
Distributionslogistik 61
Dumping 52

E

Eigenkapital 64
Eigenschaften des Gründers 71
– fachliche 71
– persönliche 71
Einkaufskooperationen 81
Einkaufspreise 81
– günstigere 81
Einkommen 2, 27
– real verfügbares 27
– verfügbares 27
Einkommenselastizität 13
Einkommensschöpfung 27
Einkommensteuer 44 f.
Einkommensteuertarif 44
Einkommensverteilung 27 f., 44
– funktionale 27
– personelle 27
– primäre 27
– sekundäre 44
Einlagefazilität 40
Einzelfertigung 58
Einzelunternehmen 75
Emission 50
Employer Branding 66
Engpassregel 59
Entsorgungslogistik 61
Entstehungsrechnung 23
Erbschaftssteuer 44
Ergebnisbeteiligung 75
Erwerbstätige 46
Europäische Währungsunion 54
Europäische wirtschaftliche Interessenvereinigung 78
Europäische Zentralbank 30, 38
europäischer Binnenmarkt 53
Europäischer Emissionshandel 49
European Competition Network 85
Excecutive Summary 73
Existenzgründer 72 f.
Existenzgründung 71
Export 24
Exportförderung 52
Exportzölle 52

F

Fachkräftemangel 34
Faktormärkte 4
Faktorpreise 10
Fazilität 40
Finanzierung 57, 62, 64, 74

Finanzierungsrechnung 23
Finanzmärkte 4
Finanzplanung 74
Fiskalpolitik 44
Fließfertigung 59
Fortschritt 46, 81, 83
– technischer 46, 81, 83
freier Dienstleistungsverkehr 54
freier Kapitalverkehr 54
freier Personenverkehr 53
freier Warenverkehr 53
Freihandel 51
Fremdkapital 64
Frühindikatoren 32
Führungskonzepte 68
Führungsstile 67
Fusionskontrolle 84

G

Gebietskartell 82
Gebrauchsgüter 1
Geld 37
– Funktionen 37
Geldkapital 46
Geldmarkt 4
Geldmenge 23, 42
Geldpolitik 38
Geldschöpfung 38
– primäre 38
– sekundäre 38
Geldvolumen 42
Gemeindesteuer 45
Geschäftsführung 78
Geschäftsidee 71, 73
Gesellschaft bürgerlichen Rechts 77 f.
Gesellschaft mit beschränkter Haftung 79
Gesetz gegen den unlauteren Wettbewerb 19
Gesetz gegen Wettbewerbsbeschränkungen 19, 83
gesetzliches Zahlungsmittel 37
Gewinnmaximierung 2
Gewinnquote 23, 26
Giffen-Gut 6
Gleichgewicht 32, 34, 36
– außenwirtschaftliches 32, 34
Gleichgewichtsmenge 7
Gleichgewichtspreis 7
Glück 29
GmbH & Co. KG 77
Green Deal 49
Gründen 72
Gründerperson 73
Gründungscoach 72
Gründungsvarianten 71
Grundsteuer 44

Güter 3 f., 13 ff.
- homogene 4, 15
- inferiore 13
- öffentliche 3
- private 3
- superiore 14
Gütermarkt 4, 8
Gütersteuern 24
Gütersubventionen 24
Gütervolumen 42

H

Haftung 78
Handelshemmnisse 52
Handelsregister 78
Hardcore-Kartelle 82
Hauptrefinanzierungsgeschäft 39
Hauptrefinanzierungssatz 39
Höchstpreis 20
Holdinggesellschaft 83
Homogenität der Güter 82
Humankapital 46

I

Immobilienmarkt 4
Import 24, 51
Importzölle 52
Inflation 34, 37, 42 f.
- gefühlte 34
Inflationsrate 28, 31, 33, 38
Informationsfluss 60
Inländerkonzept 26
Inlandskonzept 26
Innenfinanzierung 65
Innovationsförderung 50
Input-Output-Rechnung 23
Inselfertigung 59
International Competition Network 85
internationaler Handel 47
Investition 57, 65
Investitionsgütermarkt 4
Investitionsrechnung 65
- dynamische 65
- statische 65

J

Jahresabschluss 63
Joint-Venture 83

K

Kapazitätsauslastung 31
Kapazitätserweiterung 10
Kapazitätssteuerung 59
Kapital 1, 34
Kapitalbeschaffung 75

Kapitaleinlage 76
Kapitalgesellschaft 75
Kapitalmarkt 4
Kartell 82
Kartellverbot 82
- Ausnahmen 82
Kaufkraft 28
Knappheit 1
Knappheitsindikator 1, 18
Kommanditgesellschaft 75, 79
Kommanditgesellschaft auf Aktien 77
Komplementärgut 10
Komplexität 29
Konjunkturindikatoren 31
Konjunkturzyklus 30
Konkurrenz 4, 15
- vollständige 4, 15
Konsum 2
Konsumausgaben 24
- private 24
- staatliche 24
Konsumgüter 1
Konsumgütermarkt 4
Konsumquote 27
Kontrolle 75 f.
Konvergenzkriterien 54
Konzern 83
Konzernbildung 83
- Ziele 83
Kooperation 81
Kooperationsprinzip 49
Kosten 57
Kosten- und Leistungsrechnung 63
Kostensenkungen 81
Kreuzpreiselastizität 14
Krisen-Kooperation 81

L

Landessteuer 45
Leistungsbilanzsaldo 34
Leistungslohn 67
Leitungsbefugnis 75 f.
Leitzinsen 46
Leitzinssatz 39 ff., 43
Linienorganisation 66
Logistik 57, 60
Lohn- und Gehaltssteigerungen 43
Lohnpolitik 47
- produktivitätsorientierte 47
Lohnquote 23, 26
Lohnstückkosten 47
Lorenzkurve 28

M

Maastricht 45
Maastricht-Defizitgrenze 45
magisches Sechseck 34
magisches Viereck 32, 34
Management 68
Marketing 57, 61 f., 74
– operatives 62
– strategisches 62
Marketingcontrolling 62
Markt 4, 15
– unvollkommener 15
Marktform 15
Marktgleichgewicht 7
Marktmacht 12, 18, 81, 83
Marktmissbrauch 83
Marktpotenzial 61
Markttransparenz 4
– vollständige 4
Marktwirtschaft 18
Massenfertigung 58
Materialbedarf 60
Materialfluss 60
Materialsteuerung 59
Maximumprinzip 2
Mengenanpasser 15
Mindestpreis 20
Mindestreserve 40
Minimumprinzip 2
Mischkonzern 81
Monopol 4, 15 f., 43, 61
– zweiseitiges 4
Monopolkommission 85
Motivation 67
– extrinsische 67
– intrinsische 67

N

Nachfrage 5 f., 12, 15
– anormale 6
– elastische 12
– normale 6
– unelastische 12, 15
– vollkommen unelastische 12
Nachfrageelastizität 11 f., 82
Nachfragekurve 9
– Rechtsverschiebung 9
Nachfragemonopol 4
– beschränktes 4
Nachfrageoligopol 4
Nachfrageüberhang 8, 20
Nachgründungsphase 72
Nachhaltigkeit 57
Nachhaltigkeitskooperation 81
Nicht-Ausschließbarkeit 3

Nichtsättigungsgut 13
Nominaleinkommen 27
Nutzenmaximierung 2

O

OECD 85
Offene Handelsgesellschaft 75, 78
Offenmarktgeschäft 39
Oligopol 12, 15 f., 43, 61
– enges 16
– weites 16
Opportunitätskosten 3
Optimismus 30
Organisation 74

P

Partnerschaftsgesellschaft 77
Person 45
– juristische 45
– natürliche 45
Personal 57
Personalbedarfsermittlung 66
– quantitative 66
Personalbeschaffung 66
Personalcontrolling 68
Personalentlohnung 67
Personalentwicklung 68
Personalentwicklungs-Controlling 68
Personalfreisetzung 67
Personalführung 67
Personalmanagement 66
Personalverwaltung 68
Personengesellschaft 75
Pessimismus 30
Planungsrechnung 63
Politik 47
Polypol 4, 15
– heterogenes 15
Präferenzen 4, 15
– keine persönlichen 4
– persönliche 15
Prämienlohn 67
Preis 2
– absoluter 2
– relativer 2
Preiselastizität der Nachfrage 11
– direkte 11
Preiskartell 82
Preisniveaustabilität 32, 36
Preisstabilität 38
Preissteigerungsraten 23
Preisvariation 10
Primäreinkommen 25
Primärverteilung 28
private Haushalte 2

Produktion 57 f., 62
Produktions- und Importabgaben 25
Produktionsfaktoren 1
Produktionsgüter 1
Produktionslogistik 61
Produktionsplanung 58
– operative 58
– strategische 58
Produktionspotenzial 34
Produktionssicherung 59
Produktionssteuerung 59
Produktionsüberwachung 59
Produktionswert 24
Produktivitätssteigerung 10
Prognosen 23
Protektionismus 52
psychologische Aspekte 30
Publizitätspflicht 75 f.

Q

Qualität 57
Quantitätsgleichung 23, 42
Quotenkartell 82

R

Rationalisierungen 47
Rationalität 4
Rationalitätsprinzip 2
Rationalprinzip 50, 57
Recheneinheit 37
Rechnungswesen 57, 62
Rechtsform 74
Refinanzierungsgeschäfte 39
– längerfristige 39
Ressourcen 1, 34
Rezession 31
Risiken 74
Rivalität 3

S

Sachgüter 1
Sachkapital 46
Sättigungsgüter 14
Schenkungssteuer 44
Schuldenbremse 45
Schuldenstandsquote 45
Schwarzarbeit 45
Sekundärverteilung 28
Selbstständigkeit 72
Serienfertigung 58
Societas Europaea 78
Sorten 52
Spätindikatoren 32
Sparen 2, 37
Sparquote 23, 27

Sperrminorität 83
Spitzenrefinanzierungsfazilität 40
Spitzensteuersatz 44
Staat 2
Staatshaushalt 44
Staatsverschuldung 45, 50
Stagflation 43
Standortfaktoren 60
Statistik 63
Steuereinnahmen 34
Steuerklassifikationen 44
Steuern 21, 44 f.
– direkte 45
– indirekte 45
Steuersätze 46
Stille Gesellschaft 77
Strukturwandel 32
Substitutionsgut 9
Subventionen 21, 44, 46
Syndikat 82
System 60, 68

T

Tarifautonomie 47
Tauschmittelfunktion 37
Terminsteuerung 59
time-lag 41
Transferzahlungen 28
Transportlogistik 61
Trust 84

U

Umlaufgeschwindigkeit des Geldes 42
Umsatzsteuer 44
Umwelt 49
Umweltgesetze 49
Umweltpolitik 49
UNCTAD 85
Unique Selling Proposition 15, 61
Unternehmen 2
Unternehmenseinkommen 26 f.
Unternehmenszusammenschlüsse 81
Unternehmergesellschaft 77

V

Veblen-Gut 6
Verbraucherpreisindex 31, 33
Verbrauchsgüter 1
Verbrauchssteuern 21
Vermögenseinkommen 26 f.
Vermögensrechnung 23
Vermögensverteilung 28
Verschuldung 44
Verteilungsfunktion 18
Verteilungspolitik 44

Verteilungsrechnung 25, 29
Vertretung 78
Verursacherprinzip 49
Verwendungsrechnung 24
Volkseinkommen 26
volkswirtschaftliche Gesamtrechnung 22
Vorleistungen 24
Vorsorgeprinzip 49

W

Wachstum 46
– Voraussetzungen 46
Wägungsschema 33
Währungsreserven 38
Warenkorb 33 f.
Wechselkurs 52 f.
– fester 53
– freier 52
Werkstattfertigung 59
Werkstoffe 57
Wertaufbewahrungsfunktion 37
Wertschöpfung 34
Wettbewerb 4, 61, 82
– vollkommener 61
– vollständiger 4
Wettbewerbspolitik 18
Wirtschaftlichkeit 65
Wirtschaftspolitik 38, 44 f., 50
– angebotsorientierte 50
– antizyklische 45
– nachfrageorientierte 50
Wirtschaftssubjekte 2
Wirtschaftswachstum 32, 34, 36
– angemessenes 32, 34, 36
– stetiges 32, 34, 36

Z

Zahlungssystem 38
Zeitlohn 67
Zentralbank 38, 46
Zentralbankgeldmenge 39
Zentralbankrat 40
Zielharmonie 36
Zielindifferenz 36
Zielkonflikte 35
Zinstender 39
Zusatzvergütung 67
zweiseitiges Oligopol 4

Sicher durch die Wirtschaftsfachwirte-Prüfung

NEU

- ✔ Kompakte und praxisbezogene Darstellung in einfacher und verständlicher Sprache
- ✔ Lernfreundliche Aufbereitung im DIN A4-Format mit Randspalten für eigene Notizen
- ✔ Kostenloses Online-Buch inklusive

Die **Last Minute-Reihe** richtet sich an alle, die eine Weiterbildung zum Wirtschaftsfachwirt/zur Wirtschaftsfachwirtin absolvieren. Dieses Buch beinhaltet grundsätzlich den Stoff, der im Fach „Unternehmensführung" für die IHK-Prüfung gebraucht wird. Der Aufbau orientiert sich an der aktuellen Prüfungsordnung.

Last Minute Unternehmensführung
Ernst
2024 · Broschur · 90 Seiten
Print mit Online € 34,- · nur Online € 29,-
ISBN 978-3-470-**11041**-7

@ mit Online-Version

Hier mehr erfahren und bestellen:
www.kiehl.de

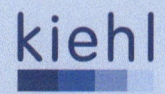

kiehl

Sicher durch die Wirtschaftsfachwirte-Prüfung

✔ kompakte und praxisbezogene Darstellung in einfacher und verständlicher Sprache

✔ lernfreundliche Aufbereitung im DIN A 4-Format mit Randspalten für eigene Notizen

✔ Kostenlose Online-Version inklusive

Die **Last Minute-Reihe** richtet sich an alle, die eine Weiterbildung zum Wirtschaftsfachwirt/zur Wirtschaftsfachwirtin absolvieren. Dieses Buch beinhaltet den Stoff, der im „Fachgespräch" für die IHK-Prüfung benötigt wird. Der Aufbau orientiert sich an der aktuellen Prüfungsordnung.

Kompakt und anschaulich dargestellt lernen Sie typische Fragestellungen mit passenden Lösungsansätzen für das Fachgespräch kennen und erhalten einen detaillierten Einblick in den Ablauf der Prüfung, sowie allgemeine Hinweise zur Prüfungsvorbereitung.

Last Minute Fachgespräch

Nicolini
2023 · Broschur · 106 Seiten
Print mit Online € 34,- · nur Online € 29,-
ISBN 978-3-470-**10851**-3

@ mit Online-Version

Hier mehr erfahren und bestellen:
www.kiehl.de

kiehl